CW00971734

PROTOCOLOS
DE RETORNO A LA SALUD

DESCODIFICACIÓN BIOLÓGICA

PROTOCOLOS DE RETORNO A LA SALUD

CHRISTIAN FLÈCHE
PHILIPPE LÉVY

Primera edición: junio de 2014
Primera preimpresión: agosto de 2014

Título original: *Les Protocoles de Retour à la Santé*

Traducción: Tomás Onaindía

Diseño de cubierta: Rafael Soria

De esta edición:
© Gaia Ediciones, 2013
Alquimia, 6 - 28933 Móstoles (Madrid) - España
Tels.: 91 614 53 46 - 91 614 58 49
www.alfaomega.es - E-mail: alfaomega@alfaomega.es

Depósito legal: M. 15.819-2014
I.S.B.N.: 978-84-8445-498-4

Impreso en España por:
Artes Gráficas COFÁS, S.A. - Móstoles (Madrid)

Índice

PRIMERA PARTE

PROF

Segunda parte
FELIZ

Tercera parte
DORMILÓN

Cuarta parte

MOCOSO, TÍMIDO Y GRUÑÓN

QUINTA PARTE
MUDITO

SEXTA PARTE
EL PRÍNCIPE AZUL

Epílogo
Una terapeuta blanca como la nieve

Advertencia

Este libro no se ha escrito con la intención de reemplazar a los facultativos sanitarios ni para establecer ningún tipo de diagnóstico físico o mental. Nunca le aconsejamos a nadie que modifique o interrumpa un tratamiento médico, psiquiátrico, psicoterapéutico o farmacológico en curso sin la aprobación de los profesionales de la especialidad correspondiente. Cada persona es plenamente responsable de su forma de utilizar las técnicas o protocolos indicados en este libro. Los autores declinan cualquier responsabilidad por las consecuencias que puedan derivarse de la utilización de estos protocolos.

Agradecimientos

A Yves Michel, por su pasión por la edición, por su valor a la hora de correr riesgos en terrenos desconocidos, por su deseo de compartir con un gran número de personas unos conocimientos poco extendidos sin tener en cuenta ningún cálculo económico.

A Daniel Jerôme, Gérard Lacurie, Aline Calvo, Laurence Altman, Marie-José Dal Zotto y Laurence Heitzmann, por sus consejos, sus ánimos, su pasión por nuestro trabajo, y por sus lecturas de esta obra.

A nuestros hijos, por sus cuestionamientos y su curiosidad.

A todos nuestros alumnos en prácticas, que han aceptado confiar en nosotros para ayudarlos, de taller en taller, a encaminarse hacia sí mismos.

A todos nuestros docentes que imparten la terapia.

A todos nuestros pacientes.

A todos nuestros fracasos y nuestros éxitos, que nos han ayudado a poner en cuestión unas creencias adquiridas con demasiada facilidad.

Gracias a los hermanos Grimm por habernos permitido interpretar libremente *Blancanieves y los siete enanitos*.

Prefacio

Con este libro damos otro paso, uno más. En efecto, la teoría de la Bio-Psico-Genealogía, expuesta por primera vez hará unos veinte años, no contaba, de hecho, con un auténtico manual de instrucciones. De forma que todos los terapeutas iniciados en esta nueva disciplina se las «apañaban», mal que bien, para aplicarla según su propia sensibilidad o según su formación de base, y sin una técnica particularmente adaptada.

Christian Flèche y Philippe Lévy se han interesado esencialmente en uno de los fundamentos principales de la Bio-Psico-Genealogía: el *ressenti* (resentido). Todos los lectores, todos los terapeutas lo saben: es la piedra angular de la terapia, puesto que es justamente en ese nivel donde la enfermedad se construye biológicamente. Un breve recordatorio, si se me permite.

Se ha comprobado innumerables veces que la mayoría de las enfermedades muestran sus primeros síntomas después de un shock en el ámbito psicobiológico: el bio-shock. Inesperado y muy desestabilizador en el momento que sobreviene, la particularidad del bio-shock es haber estado «enquistado» en toda una serie de registros sensoriales. Por tanto, uno o varios resentidos se han instalado en los citados registros sensoriales, determinando así el impacto en el órgano y provocando la aparición de los síntomas.

Hasta ahora, yo abordaba este capítulo de la terapia de forma más bien mental, intelectual, dejándole a veces al paciente la tarea de «terminar» él solo el trabajo de análisis. He tenido la oportunidad de tratar a nuestros dos autores y pude «resentir» la importancia de una exploración no tanto mental o intelectual, sino más centrada en las sensaciones experimentadas en el instante del bio-shock. ¿Cómo se lo plantean Christian y Philippe?

Con la ayuda de una serie progresiva de protocolos eficazmente perfeccionados desde hace varios años y regularmente testados en los cursos de formación que imparten o durante las prácticas que organizan, el mundo de los *resentidos* bloqueados se abre fácilmente como por arte de magia. Estos protocolos, que aparentemente son bastante anodinos, demuestran sin embargo una eficacia indudable en la mayoría de los casos y, debo decirlo, resultan verdaderamente geniales en otros. Sí, puedo afirmarlo, puesto que yo mismo he comprobado en la práctica el interés de sus trabajos.

Invitado a codirigir la Universidad de Verano 2005, pude verificar que la opinión de los alumnos era bastante unánime: «No parecían gran cosa, pero son bastante eficaces aunque no tengamos la información en nuestra memoria consciente». En efecto, durante esa semana tuve la convicción de que a nuestro inconsciente le gusta este tipo de ejercicio, puesto que vamos a buscar en nuestra memoria no ya un hecho, sino unas sensaciones compuestas de colores o de imágenes precisas, de sonidos particulares, de voces, de olores, de sabores puntuales, de roces cutáneos o de pensamientos. Conectar de nuevo con ellos en presencia de la buena voluntad y la escucha de los formadores permite desactivarlos y vaciar esa tensión inconsciente acumulada desde el bio-shock.

Estoy convencido de que este libro representa un inmenso progreso para la terapéutica. Antes de abandonarlos al placer de proseguir su lectura, quiero agradecer a Christian Flèche y a Philippe Lévy este trabajo que nos presentan hoy.

Ahora ha llegado el momento de dejar a los lectores en manos de Blancanieves y sus amigos, los siete gigantes de la terapia. Al principio de poca estatura, pero luego, como os iréis dando cuenta, grandes en su dimensión humana.

SALOMON SELLAM

Exordio

¡Otro libro más!

¿Vas a esconderlo en tu biblioteca?

Lector, curioso y abierto a las novedades, ¿qué vas a hacer conmigo, un libro lleno de signos y de posibilidades? ¿Empotrarme bajo el polvo de una hermosa biblioteca y contemplar mi lomo indefinidamente? ¿Exponerme a las miradas de las moscas? ¿Olvidarme debajo de una revista? Tal vez leerme.

Leer este libro es tentador y aterrador a la vez, como caminar hacia uno mismo; quiero decir: hacia uno mismo de verdad, hasta lo más profundo, hacia esa persona que ignoramos ser, pero que somos realmente.

Hay otros caminos, por supuesto.

Todo, de alguna manera, conduce hacia uno mismo.

Con una sola condición: ¡elegir un camino y seguirlo!

En cuanto al síntoma, es un camino particular: te conducirá hasta ese preciso lugar de la consciencia donde no quieres ir y, sin embargo, al que debes ir. En la más oscura de tus heridas se halla el más extraordinario de los tesoros.

¡Sorprendente!

Como un nacimiento.

ORIGINALIDAD DE LA DESCODIFICACIÓN BIOLÓGICA DE LAS ENFERMEDADES

La «Descodificación Biológica de las Enfermedades», como decidí llamar, en 1992, a este nuevo enfoque, responde de forma original a estas eternas preguntas:

¿Por qué la enfermedad? ¿Y por qué esta enfermedad en vez de cualquier otra?

¿Por qué a mí?

¿Por qué ahora?

¿Y por qué enferman seres inocentes como son los niños?

¿Cómo sanar?

¿Cómo prevenir?

En dos palabras: ¿cuál es la causa, cuál es el sentido de la enfermedad?

Por si el lector no conoce la Descodificación Biológica, voy a recordar las nociones abordadas en mi primer libro, *El cuerpo como herramienta de curación*[1], en el capítulo: «Un reajuste con la realidad: la enfermedad».

Mis obras anteriores presentaban, esencialmente, el aspecto teórico de la Biodescodificación: *El cuerpo como herramienta de curación y Descodificación Biológica de las Enfermedades.*

«¿Y después?», he oído a menudo como en un eco. «¿Y ahora qué hacemos?». Aparte de algunas cartas en que me hablaban de curaciones o de mejorías de salud tras la lectura de los libros, hubo numerosas y legítimas esperas de una continuación práctica.

[1] *Mon corps pour me guérir,* editado en el año 2000, segunda edición revisada y corregida en 2005, editorial Le Souffle d'Or [hay trad. cast.: *El cuerpo como herramienta de curación,* Ediciones Obelisco, 2005].

Este libro está aquí para responder a todas estas demandas concretas mediante unos ejercicios, ejercicios que os permitirán ir al encuentro de lo que se considera enfermedad, a fin de darle otro espacio y evolucionar hacia la curación de lo que se ocultaba en ese síntoma.

Para crear estos nuevos protocolos, necesitaba un acólito creativo, estimulante, respetuoso y buen conocedor del terreno, maestro en el arte de la terapia, de la formación y de la improvisación. Semejante persona no existe, ¿verdad? Creéis que yo era demasiado exigente. No. Siempre se dice que cuando el alumno está listo, aparece el maestro, pero olvidamos decir: cuando la pregunta está bien planteada, la respuesta llega, y... cuando la demanda es clara, precisa, el respaldo llega, y llegó bajo la forma de... Philippe Lévy, que rápidamente se convirtió en un amigo. Espontánea e inmediatamente nos encontramos en sintonía; compartíamos las mismas pasiones y preocupaciones, las mismas preguntas, la misma satisfacción al transmitir crecimiento y conciencia.

Es esa misma alegría la que os deseo a lo largo de estas páginas.

CHRISTIAN FLÈCHE

REFINAR NUESTRAS HERRAMIENTAS DE CONOCIMIENTO PARA HACERLAS MÁS FÁCILES, PRÁCTICAS Y TRANSMISIBLES

En la primera parte de mi vida profesional, mi interés estuvo orientado principalmente hacia el aspecto corporal de los cuidados; por aquel entonces, en mi práctica diaria utilizaba métodos como la osteopatía, la medicina china, la naturopatía o la fasciaterapia. Estos enfoques me permitieron comprender hasta qué punto nuestro cuerpo habla sin cesar tanto de su malestar como de su bienestar. Pero cuando empezaba a sentirme limitado por este punto de vista tan mecanicista y energético del individuo, conocí a unos hombres maravillosos que me transmitieron el arte de la terapia verbal. Este enfoque me descubrió la importancia del lenguaje, de la semántica, de las técnicas de regresión o del sueño despierto. Y luego, con el paso de los años, llegué a un momento de mi vida en que realmente nació en mí el deseo de establecer vínculos con mi historia. La Descodificación Biológica apareció ante mí justo en esos días. Esta sincronicidad entre mi interés y estos encuentros me permitió acceder a un nuevo puzle en el que las piezas empezaban a representar un todo.

Este libro nació de un encuentro apasionado y apasionante, y no sé muy bien cuál de los dos tuvo la suerte de conocer al otro.

Con Christian he descubierto esa amistad singular, esa joya rara que permite que cuando uno empieza una frase, el otro la termine. Nuestra complicidad y la intensidad de nuestro trabajo crecieron durante los numerosos seminarios que hemos codirigido.

Juntos hemos refinado nuestras herramientas de conocimiento a fin de hacerlas fáciles, prácticas y transmisibles. Si esa es la impresión del lector al final de la obra, habremos cumplido con nuestros objetivos. Cada uno de los protocolos que proponemos aquí ha sido aplicado innumerables veces tanto en terapias individuales como en trabajos de grupo. Así hemos comprobado plenamente su eficacia. Os ofrecemos de todo corazón y con todas nuestras imperfecciones el fruto de esta labor en común.

La terapia es un juego maravilloso, pero también muy «serio», y su objetivo es permitirnos acceder a más conciencia y más bienestar.

PHILIPPE LÉVY

Aunque la totalidad del libro sea obra de los dos, hemos decidido reemplazar el *nosotros* por el *yo*.

LOS AUTORES

¡Bienvenido!

Lector, si no eres terapeuta y deseas conocerte, evolucionar, ¡bienvenido!

Lector, aunque seas terapeuta y estés seguro de ti mismo, de tus herramientas, nuestro libro está aquí no para que te lo replantees todo, sino más bien para enriquecerte con otros horizontes, con otros caminos posibles. ¡Bienvenido!

Lector, si gozas de buena salud y deseas utilizarlo con otra persona, ¡bienvenido! Y si desde hace algún tiempo o en determinadas ocasiones padeces cualquier problema de salud y una parte de ti tiene verdadera conciencia de que estás preparado para probar otra cosa, para establecer una nueva relación con el mundo y contigo mismo, ¡bienvenido, lector!

Un libro para leer con los dos cerebros

La lectura de este libro va a ser para ti la oportunidad de recorrer, alternativamente, dos clases de paisajes:

1. Unos prados poéticos, unos sotobosques misteriosos, una casita y unos consultorios, los de los siete gigantes.

2. Unas ciudades muy estructuradas, con sus bibliotecas ordenadas y sus laboratorios bien organizados.

El primer paisaje representa el espacio del cuento, del cerebro derecho, de lo metafórico, que estimula en nosotros al niño y nos permite aceptar fácilmente nuevas informaciones. Una heroína herida será nuestro guía. A través de su experiencia podremos darle forma a la nuestra. Cada instante de su vida será como una metáfora de algunas partes secretas de la nuestra.

El segundo paisaje es el del cerebro izquierdo, de lo analítico y del sentido de este libro: los protocolos, ejercicios orientados al cambio. Unas fichas-resumen nos permitirán utilizarlos con seriedad y disfrute.

Puesto que en nuestra vida siempre avanzamos un pie..., luego el otro, y así alternativamente..., tú avanzarás igual, un cerebro después del otro; una página derecha y luego una página izquierda se sucederán para permitirte ir hacia la completitud de ti mismo.

¿Una herramienta universal? Del sueño a la realidad

En mi calidad de terapeuta, durante mucho tiempo he soñado con una herramienta universal capaz de resolverlo todo en todos. De momento no conozco una herramienta cien por cien eficaz, capaz de tratar todas las dificultades y sufrimientos. Al aprender a conocer la historia de cada uno, se descubre que algunas personas han desarrollado su imaginación, otras su actividad física, otras su memoria, etc. Al igual que nuestras especificidades físicas son muy personales, nuestras especificidades cognitivas también lo son, así como nuestras formas de sanar. Algunos pacientes reaccionarán muy bien a la visualización, mientras que otros preferirán dibujar. Para poder escuchar y guiar en un espacio-tiempo de curación único, un terapeuta está obligado a tener numerosas herramientas al servicio de su paciente.

Por eso, antes de abalanzarte de inmediato sobre las herramientas de cambio igual que otros se precipitan a probar una receta de cocina, podrás leer el capítulo «Comprender mejor los protocolos». Te permitirá situar la terapia y utilizar las herramientas en el momento oportuno, lo que las dotará de mayor eficacia.

Prólogo

Ella estaba ahí, delante de mí, pura y blanca como la misma nieve. ¿Famosa? ¡Sí!

Mundialmente famosa. Fue la estrella de una gran película, la primera en su género. ¡Famosa! Pero ¿a qué precio? Al de sufrimientos y angustias tan profundas que un día tuvo que decidirse a seguir una terapia intensa y... especial.

Pero empecemos por el principio.

En el principio fue... la relación madre-hija

Cuando vino al mundo, solo fue alimentada por su madre durante unos días, pues esta ya tenía bastantes problemas consigo misma. La madre era una mujer inquieta, llena de ansiedad, preocupada. A cada instante se miraba en un espejo buscando reforzar su imagen, ya que, en el fondo, tenía la impresión de no existir, de no ser... ¡nada!

Vivían en un edificio de protección oficial del extrarradio y la mujer era esteticista. Cuando no trabajaba, se dedicaba a esperar a su marido, que siempre andaba en la carretera, pues era un comercial que vendía animales de compañía. La mujer sentía en lo más profundo de sí misma una especie de rivalidad con su propia hija. Sí, una rivalidad, ya que la devoraba el miedo de que su esposo dejase de admirarla. ¿Su esposo?

Desde luego; pero era más que eso: era su rey, su emperador, un dios cuya mirada la mantenía con vida.

Un día el hombre se cansó de las crisis de celos de su esposa y, para tener la fiesta en paz, empezó a hacer todo lo que ella deseaba. En cierta forma abandonó a su hija, aunque en su corazón le profesaba un infinito y silencioso amor.

La niña solitaria se conforta con los animales

A partir de ese día, la niña vivió con la extraña impresión de ser... la criada, la esclava de la casa. Le habían asignado un papel y para existir debía interpretarlo: mantener la paz en la pareja de sus padres.

Sin embargo, en su interior ella sabía que los latidos del corazón paterno le estaban destinados: su amor. En cuanto a su madre —su madrastra, como la llamaba—, no se fiaba de ella. Pero eso no le impedía en absoluto cantar y bailar mientras, atareada con las faenas del hogar, se movía por el apartamento.

Para colmar su soledad, la niña había aprendido a comunicarse con los animales, sus compañeros de juegos. Los pájaros, las mariposas y hasta las abejas bailaban a su alrededor ¡como planetas en torno al Sol!

La niña crecía en gracia y belleza. Y en esa misma medida crecía el resentimiento de su madre, pues ya no podía rivalizar con su hija.

El drama de tener padres

El drama estalló una mañana de abril, cuando Blancanieves tenía dieciocho años. Era otra de esas peleas diarias por una tontería, pero de pronto la hija le soltó a su madre: «Y encima eres fea», para luego correr a su cuarto.

A partir de ese preciso instante, su madre empezó a acosarla. No le

daba ni un momento de respiro: la criticaba por las tareas que no había hecho o que había terminado deprisa y corriendo, por las motas de polvo que había olvidado limpiar en la escalera o por algún detalle de su indumentaria. Cualquier cosa servía de pretexto para agredir a la criatura. Esta ya no sabía cómo protegerse de su madre ni cómo acercarse a su padre. Se sentía a la vez agredida por su madre y separada de su padre. Por desgracia, la pareja estaba casi siempre junta, en la misma habitación. Al rehuir a su madre, se distanciaba de su padre, y al querer ir hacia él, se acercaba a su madrastra. De ahí que su vida se convirtiese en una dolorosa elección imposible, un puro dilema. Se sentía separada «de una forma horrible» de sus padres, y su piel, pura como el reflejo de la luna en mitad de las noches de invierno, perdió la poca pigmentación que hasta entonces la protegía del sol, noble astro del día. Solo sus cabellos seguían siendo negros como el inconsciente.

Seis meses después del drama, un día que Blancanieves buscaba en el parque colindante con su edificio algún animalillo para confiarle sus penas, vio a uno de los amigos de su madre, cazador de profesión. En ese instante su imaginación se disparó, se desbocó como un caballo enloquecido al que un enjambre de abejorros persigue. Ignoramos por qué tuvo la impresión de que su madre había enviado a aquel hombre ¡para matarla! Incapaz de reflexionar, corrió, corrió, corrió sin mirar atrás. A su alrededor todo se volvía amenazante: las sombras, los árboles y sus raíces ganchudas. Sentía que todo eran miradas malévolas. Dondequiera que posaba los ojos solo encontraba imágenes de terror. ¿Adónde ir? Frente a estos peligros que la acechaban por todas partes, su única salida fue perder el conocimiento. Se desplomó.

UNA FAMILIA LEJOS DE SU FAMILIA

Cuando su inconsciente percibió la presencia de sus amigos, los animales peludos o plumíferos, algo en ella se sintió reconfortado, sosegado, y pudo empezar a entreabrir los ojos. Recobraba sus fuerzas a pesar de que se sentía extraviada, fuera del rebaño familiar, del clan, sin saber adónde ir, perdida, agotada; allí estaba encontrando otra vez un objetivo, una dirección, gracias a la benévola presencia de una nueva familia animal, y entonces su turbación se disipó. Aún un poco temblorosa, batió las pestañas y dejó que aquel pequeño universo tan dulce se acercase a ella.

Blancanieves, que ayer mismo los cuidaba con mimo, se deja ahora cuidar y, llena de alegría, se levanta y permite que la guíen hasta llegar a las proximidades de una casa secreta.

... ¿Qué hay tanto en lo más secreto de nosotros mismos como en lo más secreto de este inmenso y lejano bosque? Está la infancia y nuestros recuerdos, colocados unos junto a otros...

Al acercarse a la casita, de inmediato algo muy poderoso sobreviene en ella. Al entrar en esa casa, esta entra en ella. Al penetrar en esa choza, contacta con unos recuerdos, siete exactamente, recuerdos muy perturbadores, recuerdos inconscientes, recuerdos del drama que ha vivido sin poder hablar nunca de ello, sin poder confiarse para liberarse. Entrar en esa habitación es como hacerlo por primera vez y como un *déjà vu*. Surge en ella la evidencia de conocerlo todo de memoria y, al mismo tiempo, percibirlo con una mirada nueva. Sí, pues ahora ella se siente mayor, se siente adulta. Así que, al entrar en ese universo infantil, tiene ganas de dar, de darles a los niños que ella cree habitan el lugar todo lo que ella no recibió. También quiere evitarles lo que ella ha padecido. Desea mucho, ¡muchísimo!, darse a ella misma toda la alegría y las frases dulces que nunca ha escuchado, las palabras de ánimo, los gestos de protección, la mirada de amor y bondad que tranquiliza y que ella siempre ha esperado, y, sobre todo, sentir que existe, sentirse reconocida en los ojos del otro. Entonces germina una idea en su corazón, una idea de sorpresa, de fiesta y alegría. Con mucho amor va a limpiar la casa y va a preparar una magnífica comida hecha con una mezcla de colores que representen el arcoíris de los sabores. Después creará una decoración inédita, una prolongación del bosque y de sus misterios. Blancanieves se ríe, llena de alegría al dar alegría. Y los animales la secundan exaltados.

EL PRIMER SUEÑO EN LA CAMA DE MUDITO

¡Todo está listo! La joven busca un lugar para descansar.

Al entrar en el cuarto de los siete niños, decide reposar hasta que lleguen. Se echa en la primera cama, pero no puede resistirse a la imperiosa necesidad de tener un sueño.

Un sueño muy simple, como una primera mañana de vacaciones; «el mundo es simple, la vida es simple, yo soy simple y esta simplicidad se convierte en causa de sufrimiento, pues soy una incomprendida. El otro no soy yo y yo no soy el otro. El mundo es doble»... Y allí, en ese sueño, se desliza un recuerdo... Tiene un año y medio, es muy pequeña, y en su plácida simplicidad tiende, como de costumbre, los brazos hacia su madre, que ese día está irritada por quién sabe qué motivo. Por primera vez, la madre la mira sin amor, y luego le grita y le regaña injustamente.

La niña se queda como petrificada, con sus brazos abiertos, sus dedos abiertos, y el corazón, sorprendido, sangra. Bajo el martilleo de los gritos, la niña permanece como atontada, incapaz de hablar, de moverse y de comprender; es la nada...

El recuerdo emerge y el recuerdo desaparece igual que una concha arrojada sobre la playa a plena luz y recuperada un instante después por las olas juguetonas. Al pasar por la luz, las heridas han perdido su filo hiriente para, por fin, no ser más que unas experiencias parecidas a otras experiencias que van a ocupar su lugar para construir, simplemente.

¿QUIÉN DORMITA EN LA SEGUNDA CAMA, LA DE MOCOSO?

La muchacha se despierta y cambia de cama.

En el segundo lecho tiene grandes dificultades para conciliar el sueño; las plumas de la almohada la hacen estornudar y las sábanas le provocan picores. Da vueltas y más vueltas en la cama, irritada. Cuando el letargo se apodera de ella por completo es para conducirla hacia otro sueño, otro recuerdo.

Tiene seis años y juega en el corral con los polluelos, las gallinas y los patos, pero eso no les gusta a los adultos, que opinan que es más razonable hacer los deberes. Entonces, para disuadirla de toda actividad fútil, no solo matan a los patos, sino que los sirven en la mesa. Las gallinas y todas las demás aves seguirán el mismo camino. ¡Ella no puede comérselas! En su interior se mezclan mil emociones que la atraviesan: ira, asco, soledad, culpabilidad, tristeza, vergüenza.

Todo aquello es tan insoportable que esa segunda concha marina solo aparece un breve instante en la playa del consciente para luego desaparecer otra vez en lo más profundo del océano.

Turno para la tercera..., la de Gruñón

La joven se estira y rueda hacia la tercera cama, en la que el siguiente sueño se impone furiosamente.

Todo va mal. Blancanieves arde en cólera. Está en un jardín sin saber qué hacer ni adónde ir. Todo la incomoda, nadie se le acerca y cuando alguien lo hace ella se siente agredida; así lleva desde la tarde anterior. Qué lástima haber olvidado lo ocurrido. Y de repente allí, sobre esa cama, lo recuerda todo en un flash: tiene siete años y medio y se está acercando a sus padres, feliz ante la idea de enseñarles sus deberes terminados. Son las siete de la tarde; se detiene frente a su padre con gesto mimoso y lo que recibe es incomprensión y desprecio. Él apenas la mira mientras masculla unas palabras: «No vengas a fastidiarme, ¡qué me importa a mí que tus deberes estén bien!», y súbitamente le grita: «¡Déjame tranquilo!». Ella se siente excluida de forma injusta. Esa noche, en la cena, no es capaz de hablar de lo sucedido con su padre, pues lo ama y no quiere hacerle reproches. Pero como también se ama a sí misma, se queda allí, desamparada y con su ira. Entre las dos opciones, su inconsciente ha elegido: prefiere sufrir antes que hacer sufrir.

A fuerza de agitarse en la cama, está a punto de caerse. Justo antes del golpazo, se despierta y nuevamente cambia de cama...

... donde otro sueño la espera.

EL CUARTO SUEÑO INMÓVIL, EN LA CAMA DE TÍMIDO

Un sueño pequeñito, insignificante, muy corto, sin colorido o tal vez con un poco de rosa, pero muy pálido. Sin música ni brillo.

Blancanieves está tímidamente sentada en el patio de recreo, apoyada contra una pared, detrás de un poste, para no molestar, para no incomodar; tiene la sensación de estar de más y, al mismo tiempo, de ser observada, desnudada; la única solución es no moverse, no respirar y aguardar, esperar un gesto, una mirada, una palabra de amor que introduzca en su universo todos los colores, los matices, los cantos de la tierra, sus perfumes y sus sabores. Pero no ocurre nada. Ella esconde sus doce años, su cuerpo, su feminidad naciente, pues tiene miedo de ser vista, y está triste porque nadie la ve.

El sueño termina; ella se despierta.

EN LA QUINTA CAMA TOCA EL SUEÑO DE DORMILÓN

Hay otras tres camas a su lado, y cuando se desliza hacia la siguiente, rodando sobre sí misma, le vienen a la mente unas peripecias; no son sueños propiamente, sino unos recuerdos extraños.

Los de la adolescente que fue y que para escapar de su día a día, a veces doloroso, aburrido, se inventó un universo interior en el que era una princesa. Su madre, la gentil reina, había sido asesinada por defender una noble causa y fue reemplazada por una malvada bruja.

Y le vuelven a la memoria todos sus arrebatos y sus delirios asombrosos, sus locuras y todos aquellos momentos alucinantes en los que estuvo tentada de usar, de abusar, de consumir hongos en el bosque o algunas drogas ilícitas. Y es aquella niñita soñadora la que vuelve en sueños, en esa huida de la realidad.

Blancanieves se despierta de ese sueño de un sueño. Se desliza sobre un costado y otra cama le abre los brazos hacia un nuevo sueño, una puerta a los recuerdos.

LA SEXTA CAMA ES LA DE FELIZ

Son recuerdos gozosos y al mismo tiempo de una alegría tenebrosa, momentos de placer por ser mala y por hacer sufrir, instantes de humor negro, de placeres mezquinos, de esa clase de experiencias en que la alegría no se parece en nada a un raudal de vida que nos atraviesa. Es un placer del que somos la fuente y el estuario a la vez, es decir, que somos los únicos que lo disfrutamos.

Un joven está enamorado de ella y ella finge corresponderle. Lo seduce, queda con él y luego no acude nunca; deja que sus amigas lean las ardientes cartas de su pretendiente, burlándose de él. Por fin, un día Blancanieves acepta ir al cine. El muchacho la espera en la cola; ella está hermosa con su ligero vestido blanco y sus diecisiete años. Se acerca al joven. En la cola hay otro alumno y ella se pone a hablar con él ignorando a su enamorado. La joven estalla en carcajadas cuando el intruso le habla y permanece impasible ante el joven que la ama.

Esa noche, al volver a su casa, se tiende en la cama y llora. No se comprende a sí misma: ¿por qué se ha privado de esa alegría y también ha privado al otro?

Al llegar a esta pregunta se despierta, agitada. Pesarosa, bascula hacia la última cama.

LA SÉPTIMA CAMA, LA DE PROF *

En ella sueña con todos sus educadores, todos: padres, profesores, todos los adultos bien pensantes que quisieron imponerle su concepción de la felicidad en vez de ir al encuentro de la persona. Toda esa gente que quiso transmitirle su experiencia igual que se llena un vaso. Imponérsela. De pronto Blancanieves palidece de angustia bajo el fuego de las miradas como otros palidecen bajo el fuego de las balas.

Fue hace uno o dos años tal vez, cuando ella rondaba los dieciocho. Está en clase frente a un profesor que la juzga socarronamente. Blancanieves quisiera poder fundirse con la pared y convertirse en una de las imágenes que la decoran. En vez de eso, sufre los gritos atronadores de aquel hombre que le repite por milésima vez lo mismo: «¡Escucha lo que te digo!, ¿o es que voy a tener que abrirte la cabeza para meterte las ecuaciones?». Pero ella no es un cajón, ni un molde, y eso no es aprender. Pero ¿qué es aprender?

DE ENCUENTRO EN ENCUENTRO

Antes de poder responder la pregunta, un gran alboroto la despierta, un ruido y unos cantos. Son los niños que regresan… Bueno, en todo caso, los dueños de las siete camas.

* «Prof», en francés, abreviatura de *Professeur,* equivalente a nuestro «profe». En español este personaje suele llamarse Sabio o Doc, pero por razones inherentes al texto que el lector comprenderá en seguida, es imprescindible conservar el nombre francés. *(N. del T.)*

¿Cómo se las va a ingeniar para no asustarlos? Pues Blancanieves recuerda bien que los adultos y los imprevistos la asustaron a menudo; y ella es las dos cosas a la vez: una adulta y un imprevisto. ¿Qué hacer? ¿Esperar y confiar...?

Sí, ya que una vez pasada la sorpresa, los siete propietarios de la casita la acogen calurosamente. No son niños. Son siete hombres de baja estatura, siete amigos que viven allí juntos, en armonía y buen humor. Sentados en círculo a su alrededor, le hacen mil preguntas, pero no para oír sus respuestas, sino para escuchar el sonido de su voz. Adoran las canciones nuevas, y la belleza de la voz de Blancanieves es un milagro, una melopeya, una dulzura infinita que desciende hasta sus entrañas para acariciarlos como una amiga.

Ella ha encontrado una nueva familia, y mucha energía, pues tiene proyectos. Su glándula suprarrenal funciona como diez locomotoras; Blancanieves baila, ríe y se mueve en todos los sentidos impulsada por una fuerza magnífica.

Mientras tanto, su madre se preocupa. Su mayor deseo es ayudarla a crecer, a convertirse en una mujer, ya que, después de todo, ¡se trata de su hija!

Le prepara un pastel especial hecho con nueces inglesas y manzanas. Una receta mágica que permite el paso iniciático de la infancia al mundo adulto. Pero ella ignora que su hija ya ha recorrido ese camino.

Luego la madre busca a su hija. Un día, dos días y una noche, el encuentro tiene lugar en las inmediaciones de la casa. Blancanieves le habla entre risas a todo lo que se mueve: conejos, pájaros, flores, a un cervatillo, a todo lo que vive. La madre ha reconocido la voz envidiada, tan hermosa, tan franca y tan clara. Se adelanta y sale; se desliza como una serpiente; se aleja de la penumbra del sotobosque para aparecer a plena luz del día ante su hija, que, aterrorizada, sorprendida, da un paso atrás. Blancanieves se recupera del sobresalto, se disculpa por haber tenido miedo y... reconoce y a la vez no reconoce a su madre. La ve aún más fea que de costumbre, parecida a una vieja bruja llena de verrugas. Pero al mismo tiempo, en el fondo no quiere causarle dolor. Así que recibe a su madre y prueba, como Eva antaño, la manzana del conocimiento bajo la forma de un pastel, y la madre comprende en ese instante que para crecer, para convertirse en ella misma, su hija debe rechazar el regalo. Si lo acepta, es que todavía es una niña. Y la vieja mujer está atormentada ante la imposibilidad de ofrecer una buena elección. La única salida sería desaparecer, morir simbólicamente para que su hija pueda convertirse en adulta y superarla. Solicita ayuda y acepta esta caída, acepta esta muerte de la educadora para renacer como mujer y esposa. De este modo, para la hija la madre ha muerto, y para la madre la hija está dormida. Las dos coinciden en la inconsciencia de su estado, siendo cada una libre de vivir su propia historia.

El sueño de Blancanieves...

La joven, a consecuencia de una indigestión según los médicos, ha caído en coma. Blancanieves espera. De nombre Blanca y de apellido Nieves, no puede hacer otra cosa más que esperar. Tal es el principio femenino admitido tanto por los hombres como por las mujeres. Ella espera a su rey, ese padre bajo la forma de un príncipe que vendrá a manifestarle su ternura, que vendrá para permitirle ser plenamente mujer también en su cuerpo. La joven espera un gesto, una mirada, una palabra o un beso que despierte su cuerpo, sus glándulas, y cure su piel. Esa piel que se volvió blanca para dejar pasar toda la luz. Pues la única finalidad de esa blancura general es permitir que la luz del sol la penetre, como la luz del padre, la del hombre: hasta tal punto es fuerte su deseo de relacionarse. Eso es a lo que aspira cada célula de su cuerpo: a recibir.

DECIDIRSE POR UNA TERAPIA

Y el hombre aparece, la toca, la besa, le da calor, y la nieve arde; así la revive y ella sale del coma igual que la hija de Jairo [1]; Blancanieves va a abandonar su infancia definitivamente. Los siete personajes, como la bruma del amanecer, se desvanecen. ¿Existieron realmente? ¿Y el cazador? ¿Dónde está? ¿En su espíritu?

¿Significa esto que la historia ha terminado? Pareciera que no, pues Blancanieves, en su nuevo hogar, está perturbada, abatida, desbordada, invadida por unas emociones que se mezclan con imágenes venidas de recuerdos dolorosos. Entonces su marido y ella deciden buscar un tratamiento para todo esto.

Así es como, a sus veinte años, un día sus pasos la conducen hasta el consultorio de unos terapeutas totalmente atípicos que gozan de la reputación de ser siete gigantes de la terapia. Sí, en este consultorio hay siete terapeutas, ya que el proceso de la curación profunda es un camino integrado por varias secuencias, tantas como los colores que se necesitan para formar un arcoíris. El proceso de curación es un camino que atraviesa un bosque sombrío. Para este viaje se necesitan siete profesionales. En este consultorio, cada terapeuta destaca en una de las siete secuencias. Y cada paciente sigue un camino, un camino de evolución, un camino de introspección, de curación; un camino que es un despertar que pasa de terapeuta en terapeuta.

El primero te educa, te lo explica todo para que sepas de qué se trata, ¡cuál es tu problema! Te describe ciertos procesos internos para facilitarte que te reconozcas mejor. Este primer terapeuta se llama Prof. Gracias a sus palabras puedes decidir si estás en el sitio indicado y acep-

[1] Véase el Evangelio según San Lucas, capítulo 8, versículo 41.

tar o no trabajar en ti mismo, pero siempre con conocimiento de causa. «Antes de ir al bosque, necesito comprender qué es un bosque, un camino, y por qué debo atravesarlo».

El segundo, Feliz, nos tranquiliza, nos anima y nos permite conectar con ciertos recursos y ventajosas capacidades. ¿Acaso queremos penetrar en un bosque tenebroso sin una mochila de supervivencia, ir hacia nuestro aterrador inconsciente sin estar seguros de poder afrontar todos nuestros demonios y fantasmas interiores? ¡No! Llevemos con nosotros todo lo necesario para orientarnos, alimentarnos y así poder emplear todo nuestro potencial. En el bosque aprenderemos a descubrir frutos deliciosos; aprenderemos a leer en el tronco de los árboles y en las huellas del suelo.

El tercero, Dormilón, nos enseña a relajarnos. El niño herido que habita en nosotros no dejará que nadie se le acerque. Hay que tranquilizarlo, domesticarlo como hizo un día cierto Principito con un zorro. Dormilón nos enseña a identificar nuestras ilusiones, nuestros sueños; nos enseña a revelarlos. Así el bosque parece menos amenazador.

Solo entonces estamos listos para encontrarnos con «la tríada de la curación»; en ella se agrupan el terapeuta que se ocupa de los problemas físicos, el que trata las dificultades emocionales y el que cambia los bloqueos comportamentales. Ya estamos en el corazón del bosque, y tres guías, Mocoso, Tímido y Gruñón, van a esforzarse para transformar este lugar salvaje en un magnífico jardín. Un jardín a nuestro gusto. Un jardín en el que pronto podremos entrar y salir a discreción, solo por el placer de hacerlo.

Después de todo esto…, ¡sorpresa! Viene el último, o el primero de un nuevo ciclo… Misterio, ¡misterio!

Pero ahora, de inmediato, el camino arranca en la primera consulta…

Primera parte

PROF

1. Comprender mejor la enfermedad, educar

P.R.O.F.: Pensar… Resentir… Observar… Formar

El hombre barbudo, de pie junto a una gran pizarra blanca, explica que el ser humano empieza su camino de curación al tomar conciencia de sus pensamientos; y luego escribe en la pizarra la letra «P». En sus Pensamientos residen sus valores y sus creencias. Pero ¿en qué se convierte una creencia? La creencia provoca un Resentido; y entonces el hombre barbudo escribe la letra «R». ¿De dónde viene ese Resentido, esa sensación que palpita, que forcejea, que se mueve y se agarrota, que escarba dentro de uno? Viene de todos nuestros sentidos, que Observan sin cesar: los ojos, los oídos, la nariz, la piel, la lengua, los pulmones, el estómago, los riñones, el esqueleto y todo lo demás; en cada instante de nuestra vida observamos lo que ocurre a nuestro alrededor, observamos el mundo; y el hombre escribe la letra «O». Conscientes de todo esto, de nuestros pensamientos, de nuestros resentidos y de nuestras observaciones pasadas y presentes, nos podemos permitir Formarnos una idea, actuar sobre ese mismo mundo exterior, y escribe la letra «F».

Este primer terapeuta acaba de presentarse; se llama Prof. Sigue su charla:

—¿Tienes carné de conducir?

—Precisamente me lo estoy sacando estos días.

—O sea que vas a asistir a unos cursos que te permitirán adquirir esa competencia.

¿QUÉ CAPACIDADES HAY QUE DESARROLLAR PARA DOMINAR UN VEHÍCULO?

1. Conocer sus necesidades

—Debes conocer las necesidades internas de tu vehículo: requiere carburante, requiere oxígeno y tiene que poder eliminar sus desechos. Si no tienes en cuenta todo esto, no avanzarás.

Blancanieves reflexiona sobre lo que este ejemplo evoca en su caso.

Su inconsciente encuentra la respuesta. ¡Muy fácil! Ella necesita comida, respirar aire y evacuar lo inútil. Esas palabras también evocan su necesidad de ternura, de alimento afectivo, de vivir libre y de no verse inquietada por demasiadas complicaciones.

2. Protegerse

—Tu vehículo debe estar protegido del mundo exterior por los parachoques y la carrocería. Igualmente debe contar con una protección contra las heladas para poder funcionar bien.

¿De qué habla? Para una parte de su inconsciente, esto evoca su ropa, que la protege tanto del frío como de las quemaduras del sol. Para la otra parte, que hay que protegerse de las frases hirientes, burlonas, de las miradas intrusivas.

3. Sostenerse en movimiento

—Tu vehículo tiene ruedas y una estructura que sostiene el motor, el habitáculo y todo lo que ensambla los elementos que lo componen.

Al escuchar esta descripción, Blancanieves siente vibrar sus huesos, sus músculos y sus deseos de viajar.

4. Comunicar

—Tu vehículo es capaz de relacionarse con el mundo exterior gracias a los retrovisores, los faros, el claxon, el GPS a veces. En todo momento estás en comunicación con el exterior, estás informada y puedes actuar, cambiar, intervenir merced al volante y otros dispositivos.

Para Blancanieves, Prof alude a sus cinco sentidos.

—Cuando ya sabes todo esto, ¿puedes empezar a conducir tu coche? ¡Pues no!

CONOCER LAS REGLAS

—No solo tienes que conocer el funcionamiento de tu vehículo, sino también las reglas, el código de circulación propio del país y la época en que vives. Porque el código de hace treinta años no es el de hoy, y tampoco te sirve el que rige en Inglaterra. Cada lugar tiene sus exigencias, sus leyes, su código. Debemos conocer tanto el código como la conducción, *Pensar* en ellos para que nuestro vehículo no tenga accidentes ni averías.

Prof sube el tono y añade:

—Cuando no es así, un indicador luminoso se enciende en el salpicadero del coche. Se trata de mi sensibilidad, de mi *Resentido*. *Observo* una luz roja, un indicador, una aguja que señala, por ejemplo, que no tengo gasolina. Pues bien, con ese síntoma, con esa luz roja, ya se trate de un síntoma, de un resentido o de una enfermedad, ¿qué *Formo*, qué hago con ella? Si el indicador se ilumina en el salpicadero, ¿cojo unas tenazas y corto los cables? La luz roja desaparecerá, es cierto, pero no por ello me habré enfrentado al problema.

»En otros momentos, puedo estar harto del tráfico, de las direcciones prohibidas que me encuentro, de los semáforos en rojo que me demoran y me disgustan. ¿Debo saltarme por ello una dirección prohibida, debo rehuir la realidad? Si lo hago, será por mi cuenta y riesgo, pero también pondré en riesgo a otros.

LAS NECESIDADES BIOLÓGICAS

Prof sigue hablando:

—De modo, Blanca, que te hago una pregunta: tú, que tienes un cuerpo, ¿has aprendido a utilizarlo? ¿Has aprobado tu carné de conducir para ir por los caminos del mundo? ¿Y tu código de circulación en sociedad? ¿Has superado el examen «del buen uso de nuestras necesidades biológicas» y aprobado en «la escuela de relaciones del mundo»?

»Si tal fuese el caso, nunca más estaríamos enfermos. Si conociésemos exactamente todas las necesidades de nuestro cuerpo en alimentos, en oxígeno; las necesidades que tiene de eliminar todos sus desechos, sean cuales fueren, como las tensiones, por ejemplo... Pero hay mucho más por conocer. La necesidad que tiene el cuerpo de protegerse del sol o de los insultos. La necesidad de tener una estructura para mantenerse firme, es decir, unos valores. La necesidad de comunicar, es decir, de amar, de ser amado, de reconocer al otro y de ser reconocido; la necesidad de una comunicación sana que te permita crecer. Si respetásemos todas estas necesidades, si fuésemos capaces de estar en sintonía con el exterior, es decir, de aceptar el código social, familiar y cultural de la época y del lugar, ¿aun así podríamos enfermar?

»En efecto, cuando viajo a Martinica, a Canadá, a Marruecos o a Tahití, ¿cómo es mi interacción con ese mundo exterior? ¿Me adapto dócilmente o me niego a hacerlo? ¿Tengo elección después de todo? ¿Puedo negar que el semáforo está en rojo? ¿Puedo rechazar que los coches ingleses circulen por la izquierda? ¿Puedo rechazar que solo haya ese tipo de platos de comida a la hora del almuerzo? ¿Puedo elegir la temperatura del sol africano o la del invierno quebequense?

»No, no y no. No tengo elección; la realidad es la realidad y mis necesidades biológicas interiores son mis necesidades biológicas interiores. Si entre las dos, mis necesidades y la realidad, hay una fractura, una incomodidad, una agresión o una frustración, ¿acaso puedo yo cambiar la temperatura exterior o el comportamiento del otro? ¿Acaso puedo prescindir del oxígeno o del sueño?

»No. Mi poder es limitado cuando quiero influir en el mundo exterior. Mi poder es limitado cuando quiero cambiar mis necesidades interiores. Entre mis necesidades (biológicas, fisiológicas, psicológicas) y el mundo exterior (sus exigencias y lo que ofrece) hay una esclusa, un universo que me pertenece, y es en él donde yo tengo todo el poder, toda la libertad, una libertad infinita. Hablo del espacio que hay en toda relación: un hombre y una mujer, dos amigos, un padre y un hijo. Entre dos amantes que confunden sus cuerpos, sus alientos y sus secreciones, hay un espacio ilimitado, infinito. Y ese espacio es la «libertad».

Entonces el anciano barbudo saca un libro de Rilke y lee:

—La entrega a partes iguales entre dos seres es imposible, y cuando ocurre que cabría pensar que tal entrega se ha realizado, se trata solo de un acuerdo que frustra a una de las partes, o incluso a las dos, ante la posibilidad de desarrollarse plenamente.

»Pero cuando tomamos conciencia de la distancia infinita que siempre existirá entre dos seres humanos, sean quienes sean, deviene posible una vida maravillosa uno al lado del otro: será preciso que los dos logren ser capaces de amar esa distancia que los separa y gracias a la cual ambos perciben al otro entero, recortado contra el cielo.

Blancanieves permanece en silencio. Nunca se había planteado estas cuestiones. Aún no entiende por qué el hombre le expone todo esto. Más adelante comprenderá que todo camino terapéutico incluye aspectos pedagógicos. A menudo, entender el «porqué» permite que empiece la sanación. Pero una vez alcanzada, una vez sanos, el viaje todavía no ha terminado. Hay que aprender a construir. Y Prof prepara ese camino. Con sus explicaciones, planta unas semillas, coloca unos paneles indicadores que tranquilizan al inconsciente; así este sabe dónde está y lo que le espera.

UN REAJUSTE CON LA REALIDAD: LA ENFERMEDAD

Prof sigue con su exposición a fin de que Blancanieves tenga un marco, unas referencias sobre su camino de curación. Pues para sanar es útil conocerse, comprenderse, así como para crecer y superarse. ¿Podemos sanar si ignoramos a quién o qué sanar?

¡CREENCIAS, CREENCIAS!

—La Descodificación Biológica de las Enfermedades se apoya en un paradigma de base nuevo; en otras palabras, en un nuevo sistema de pensamiento, de creencias; en otra forma de abordar el tema de la enfermedad.

»Nuestras creencias conscientes e inconscientes en materia de enfermedad/salud tienen una inmediata influencia en el tratamiento y la prevención. Si tú crees que solo eres una amalgama química y que la enfermedad no es más que un desarreglo químico, ¡elegirás un tratamiento de medicinas químicas! Si crees que el ser humano es una serie de Energías y que la enfermedad viene de una perturbación de esas mencionadas energías, para recobrar la salud actuarás sobre los meridianos y los puntos energéticos identificados en tu cuerpo. Si crees que una persona es un ser emocional, pensarás, en consecuencia, que la enfermedad nace de una debilidad de ese tipo, y entonces optarás por dejar que la persona se exprese, se conecte y libere sus emociones.

»En cuestión de creencias, tenemos la ericksoniana, la doltoiana, la junguiana, la freudiana, la homeopática, la unicista, la pluralista, la antroposófica, la osteopática, la etiopática, la penelista... Cada una de ellas se remite a un marco de comprensión de la enfermedad, marco casi siempre inconsciente. Marco que ilumina y ciega a la vez, que se abre y se cierra sobre sí mismo. Disponer de un microscopio solo nos permite un maravilloso campo de observación ¡reducido! Lo mismo puede decirse de un telescopio o de la inteligencia científica, filosófica o teológica.

Prof abre otro libro y lee:

—Vemos lo que hemos aprendido a ver. Escuchamos lo que hemos aprendido a escuchar. Deducimos, comprendemos, resentimos... lo que hemos aprendido a deducir, comprender, resentir...

»¿Y si lo que he aprendido me impide escuchar? ¿Y si me estuviese aferrando a lo ya nombrado, a lo ya identificado, a lo ya «aprendido por miedo», por miedo a perderme?

»En este caso, ¿cómo saber si mi oído recibe o emite? ¿Tengo una escucha que oculta o que ausculta? O, peor aún: ¡una escucha que impondría su saber!

Blancanieves le pregunta:

—Entonces, ¿cómo evitar esas desviaciones?

—Apoyándonos en la verdad del resentido, en nuestras sensaciones. Eso es algo que no miente, pues escapa a cualquier control de la voluntad: se mueve en nuestro interior, se retuerce, se crispa, se ahueca como un vacío, un abismo; pesa una tonelada, se anuda, se tensa, parece que está en el vientre, en el plexo solar, en la garganta, sobre los pulmones, como una opresión; las rodillas flaquean, todos los músculos del cuerpo se endurecen o se aflojan, y el fondo de la garganta se seca. Ya no se trata de interpretaciones o de discursos, sino de la realidad...

»Debes entender que todo está sustentado por nuestras creencias y nuestras opiniones. Como más adelante vas a ver a mis seis colegas, a fin de que vivas y utilices lo mejor posible todo lo que ellos te van a ofrecer, voy a explicarte las creencias que sustentan la Descodificación Biológica de las Enfermedades.

Mientras Blancanieves lo escucha, él observa las reacciones de la muchacha.

PARA CURARNOS TODOS NOS REMITIMOS, INCONSCIENTEMENTE, A DETERMINADAS CREENCIAS

—Durante siglos, algunas creencias muy extendidas afirmaban que las enfermedades provenían del diablo, de una posesión, o bien se consideraban una prueba enviada por Dios para santificar a sus fieles. Luego se dijo que la enfermedad era cosa de las estrellas, de la tierra, de los alimentos y, más recientemente, de la genética. Hubo, hay y habrá muchas creencias inventadas para justificar las enfermedades.

»Pero en el fondo, ya usemos antibióticos, homeopatía, plantas o minerales, al menos todo el mundo está de acuerdo en un punto: hay que combatir la enfermedad; la enfermedad es mala. Y sobre esta idea reposan esas terapias. Existen, por tanto, numerosas proposiciones apasionantes y útiles cuando efectivamente nos guían hacia la salud y la conciencia.

—¿Pero cómo aclararse en medio de tantas proposiciones e hipótesis? ¿Qué camino seguir? —le pregunta Blancanieves.

—Mi camino, en el que estoy volcado desde hace varios años, no es el origen psicológico de la enfermedad, sino su fundamento biológico. Por eso hablo de *Descodificación Biológica de las Enfermedades* y de *Psico-bio-terapia*.

UN NUEVO PARADIGMA

La originalidad de la Descodificación Biológica de las Enfermedades descansa, pues, en un cambio de paradigma que podríamos formular haciéndonos eco de la sentencia de C. Jung: *No estamos aquí para sanar nuestras enfermedades, sino para que nuestras enfermedades nos sanen.*

¡La frase es extremadamente provocadora! Decirle que la enfermedad es buena a una persona que, por ejemplo, sufre de reumatismo desde hace más de veinte años ¡resulta incluso arrogante!

En consecuencia, se trata de distinguir muy bien «enfermedad» e «intención positiva». Por ejemplo, vomitar es un síntoma desagradable, pero su intención positiva es librarnos de un tóxico alimentario.

DE LA ACCIÓN A LA REACCIÓN, CAER EN LA ENFERMEDAD

—Nuestras enfermedades están ahí para curarnos…

»A propósito, ¿curarnos de qué?

»De algo que se ha escondido en lo invisible, en el inconsciente; que se ha escondido para no hacernos sufrir más. De un shock muy preciso, pero que ha caído en el olvido.

»Por ejemplo, si tengo la piel completamente roja, quemada, aunque sea de noche, conozco la causa: he pasado el día a pleno sol. Establezco fácilmente un vínculo entre la causa y el efecto, entre el sol y la quemadura, y más adelante, el bronceado de mi piel. El problema con cualquier enfermedad es que la causa está oculta. Solo vemos la reacción, la enfermedad. En este ejemplo, la reacción es la quemadura del sol. De igual forma, vamos a toser, o a padecer una esclerosis múltiple o cualquier otra patología distanciada en el tiempo como reacción a un shock olvidado.

—¿Me está diciendo que el bronceado es una codificación? La piel sufre la acción del sol y entonces se produce una reacción: el bronceado. ¿Todas las enfermedades siguen el mismo proceso?

—Sí. Es una oportunidad adicional de adaptación ante un evento exterior que nos sorprende. Si veo a alguien vomitando, estoy viendo una reacción. No veo forzosamente la toxicidad de un hongo o de una ostra en mal estado que ha ingerido media hora antes. Lo veo vomitando; es la reacción. Ese síntoma es una reacción de supervivencia. Es algo bueno en sí mismo.

—Lo entiendo: vomitamos para no morir envenenados, nos bronceamos para adaptarnos, no para quemarnos; ¿es eso, verdad? ¿Pero qué tiene que ver todo esto con la enfermedad? ¿Qué relación hay con alguien que padece un cáncer o una úlcera de estómago?

¿Se puede diferenciar lo real de lo imaginario?

—Se trata en realidad de un fenómeno conexo que responde a una ley fundamental según la cual nuestro cerebro biológico no puede diferenciar, no sabe diferenciar, entre lo real y lo imaginario, entre una ostra podrida en el estómago y una frase inaceptable. Cualquiera puede hacer la experiencia: imagina que tienes justo encima de tu lengua una rodaja de limón cuyo zumo se desliza entre tus dientes, le hace cosquillas a tus encías, se pasea por el fondo de tu garganta… La sola idea de morder esa rodaja de limón hace que algunas personas empiecen a salivar.

—Para mí es desagradable..., ¡y eso que no tengo nada en la boca!

—Cuando un niño juega y se entretiene con su consola frente a una pantalla con un juego de James Bond, él es James Bond. Está en ese imaginario. Le sudan las manos, jadea, se apasiona. Sin embargo, está en un mundo virtual, imaginario.

»Lo mismo ocurre en el ámbito de nuestra biología. La *idea* de que te ensucien y el *hecho* de que te ensucien son descodificadas de la misma forma por nuestra biología. Y es la biología la que produce más piel justo allí donde es más necesaria, la que provoca náuseas y vómitos cuando resultan útiles o la que va a desencadenar la diarrea si el resentido es el de una «cochinada» indigesta: bien sea real si hay algo que mi cuerpo rechaza digerir, bien sea virtual si nos han dicho o hecho algo inaceptable, indigesto, o bien si estamos de turistas en un país extranjero cuya cultura, usos y costumbres no somos capaces de aceptar. Entonces es nuestro cuerpo el que expresa la solución, biológica, que es: *Puesto que me imponen esto, lo voy a eliminar.*

—Me acuerdo de que hace poco tiempo un profesor me interrogó delante de toda la clase y se burló de mí. A la hora del almuerzo no pude comer. Era como si tuviese algo atravesado en el estómago. Creo que fueron sus frases humillantes lo que no podía aceptar —rememora Blancanieves con emoción.

El resentido biológico

—Voy a contarte una primera historia, una historia real: la de una mujer de treinta y cinco años a la que le anunciaron que su hijo de seis meses era autista. Esa misma noche, la mujer empezó a producir leche en abundancia en ambos senos. En ese momento su resentido era: *Debo ocuparme de él.*

»En sí mismo, producir leche es inútil: eso no solucionaría el problema de su hijo. Pero nuestra biología pone en marcha un programa de adaptación relacionado con lo que se siente. Si el resentido es: *Mi hijo está en peligro, me necesita,* la solución arcaica, arquetípica, es producir leche. No lo es desarrollar una úlcera de estómago.

»El resentido está en el corazón de la Descodificación Biológica de las Enfermedades y de su forma de Terapia; es la articulación entre el exterior y el interior.

—Sí —coincide Blancanieves—, pero imaginemos que, tras el anuncio del autismo de su hijo, la mujer reaccionase diciendo: *¿Y qué, cuál es el problema? Eso no tiene la menor importancia...*

—En tal caso, en su biología no entra nada. Si no hay problema, no hay necesidad de buscar una solución ni ejecutar un programa de adaptación.

—Por tanto, lo importante es el resentido en el instante del shock; ¡¿es psicológico?!

—No se trata de psicología ni de psicoanálisis. Estamos en el terreno de lo biológico. Hay una situación exterior que nuestra biología va a recibir.

»Es importante comprender claramente que, desde el punto de vista de la biología, para esta madre, el autismo del pequeño no se corresponde con nada. Para la biología no existe: *Mi hijo es autista.* Pero lo que sí existe, en términos biológicos, son los resentidos relativos al estigma, la separación, el rencor, la ausencia, el peligro... Y a cada uno de estos resentidos le corresponde un órgano. La pertinencia de este enfoque se deriva justamente de poder descodificar cada célula de cada órgano.

—Para usted, ¿cada parte de nuestro cuerpo es la expresión de una función biológica de supervivencia?

—Exactamente.

DIME LO QUE SIENTES Y TE DIRÉ DE QUÉ ÓRGANO ME HABLAS...

—Esto significa que, según el resentido, órganos diferentes podrán verse afectados.

—Imaginemos que la mujer vive este evento como un conflicto que le inspira un miedo atroz, terrorífico. ¿Qué va a ocurrir? —pregunta Blancanieves.

—Hay un órgano, la laringe, cuya función es pedir ayuda, socorro. Ahora bien, si ella piensa: *El niño es autista, ya no tendré contacto con él...*, entonces la afectada es la epidermis, pues es la que se ocupa del contacto con el mundo exterior (los conflictos de separación afectan a la epidermis).

»Si digo de forma provocadora que no es psicológico, es porque esto afecta directamente a nuestra biología, a nuestro día a día... Estoy en el cine, sentado en medio de un montón de gente; hace mucho calor, me falta espacio... y luego me falta el aire; no me siento bien... ¿Cuál podría ser mi solución biológica? No hablo de la solución inteligente, sino de la biológica.

—No lo sé.

—Hinchar los pulmones para tener más espacio.

—¿Y si me asusta el hecho de que haya mucha gente detrás de mí?

—Ese resentido se expresará en otra parte del cuerpo, que puede ser la retina.

EL PORQUÉ DE LA ENFERMEDAD

—Este camino es ante todo práctico y concreto. Lo que te estoy refiriendo proviene de la experiencia, convertida luego en teoría, y no de una teoría convertida en experiencia. Al principio todo consistía en observar a un determinado número de personas que sufrían de úlcera estomacal y en preguntarme lo que estas personas tenían en común.

O en hablar con una serie de mujeres que padecían un problema en el seno izquierdo y preguntarme lo que tenían en común. Y así con todos los síntomas. ¿Qué vienen a decirnos? ¿Qué utilidad puede tener desarrollar una mastosis en el seno izquierdo? ¿Qué es lo que la enfermedad, lo que la patología, lo que el síntoma aportan de más, de útil en comparación con la psicología, en comparación con la norma? ¿Por qué es interesante? Y para encontrar la respuesta fuimos guiados a volver sobre la función biológica de cada órgano.

—¿Pero «quiénes» fueron guiados? ¿Quién descubrió todo esto?

—Sigmund Freud y Groddeck presintieron los vínculos entre los órganos y los resentidos; luego Geerd Hamer y otros investigadores los descubrieron simplemente escuchando a la gente, a ese hombre, a aquella mujer, en su resentido emocional, biológico, es decir, en lo que la persona no sabe decir, no quiere decir o no puede decir en el momento del shock.

LA CABEZA Y LAS TRIPAS

—Pero dígame, Prof; a veces despiden a alguien de su trabajo y esa persona le dice a sus colegas: *No pasa nada, me da igual, no tiene importancia*; pero más adelante cae enfermo. ¿Dónde está el vínculo?

—Una cosa es lo que la persona afirma intelectualmente… y otra lo que ocurre en sus «tripas», lo que se vive en el fondo. ¿Qué es lo que no expresa? ¡Eso es el resentido!

COMPRENDER MEJOR TU VIDA

Prof se coloca al lado de la gran pizarra blanca y escribe unas palabras importantes. Esa es su técnica: proponer el marco y explicar hasta que cada paciente se reconozca, se comprenda y haga crecer su consciencia interior. Esto tiene muchas ventajas: la gente se relaja y ese gran mecanismo que tiene por nombre «el inconsciente» ya no es ni un monstruo ni un viejo castillo poblado por fantasmas. Se convierte en un amigo, en un caserón con habitaciones secretas llenas de tesoros.

Las primeras palabras que escribe son: «evento exterior».

Definiciones de las siguientes realidades Estudio de su modo de relación

1. Evento exterior

—A cada instante, once millones de estimulaciones sumergen nuestros sentidos: los ojos, los oídos, la piel, las mucosas, la nariz, la lengua. ¿Quién es consciente de cada una de estas informaciones en cada instante de su vida? ¿Tú?

—¡No! Nadie.

—Por supuesto que no. Pasamos por alto la gran mayoría. Cada uno de nosotros selecciona un lote de informaciones, que son diferentes de las seleccionadas por el vecino. Has hecho un viaje con un amigo, el mismo viaje. Al volver a su casa, ¡él no describe los mismos paisajes a sus allegados! Todas las informaciones exteriores y sus elementos sensoriales son triadas. Luego, una vez armonizadas, se convierten en un evento, es decir, en un conjunto de datos seleccionados, en una representación. Por ejemplo, estás en clase, en la pizarra, frente a un profesor y a tus compañeros de curso. El profesor pronuncia unas determinadas palabras. Eso es un evento.

EVENTO = CONJUNTO DE DATOS NEUTROS

2. El sentido, el significado

—El evento, para ser percibido, necesita de los órganos de los sentidos. Para ser recibido, utilizado, memorizado, necesita tener un sentido, un significado. Esto es válido tanto para el hombre como para el animal.

El león no se fija en el panel indicador donde aparece la silueta de una hiena; en cambio, es sensible al olor de la orina de su rival, así como al movimiento de una gacela. Todo eso tiene sentido para él, para su supervivencia. El león tiene unos «órganos estructurados» para captar las informaciones que necesita. El pajarillo distingue el grito de su madre y entonces pía, alarga el cuello; ante cualquier otro ruido, permanece en silencio por miedo al depredador.

»Por tanto, el sentido nace de una categorización de los datos básicos. Tal organización de la información quiere decir "peligro"; tal otra, "seguridad", "alimento", "presencia", "reconocimiento", "amor", "castigo", etc.

»El mundo no tiene sentido en sí mismo, espontáneamente. ¡Nosotros le damos un sentido!

—¿Pero quién en nosotros decide darle tal o cual sentido en vez de tal otro?

—En el centro de nosotros, no somos nosotros; somos el otro, los otros, el completamente Otro.

»Tanto para el león como para el pajarillo, *los otros* es la memoria de todos sus ancestros, leones o pájaros, la que les ha transmitido este aprendizaje. Blancanieves, en Nueva York sí puedes acariciar a una ardilla, pero no en los bosques frecuentados por cazadores. Para nosotros, los humanos, los otros son nuestros educadores, los que orientan nuestra atención, los que la focalizan sobre tal o cual elemento del paisaje. Los valores de los padres y de todos los antepasados imponen sus elecciones en nosotros. Así, el señor X, nieto de una víctima de la guerra, es un militante pacifista, ¡y él cree que ha elegido sus principios! El señor W, descendiente de una familia de campesinos pobres, cree que elige libremente el trabajo de funcionario por la seguridad del sueldo. La psicogenealogía [1] nos habla extensamente de este tema.

[1] Véase la bibliografía al final del libro.

Los otros de nuestro linaje deciden en nosotros el sentido organizador de los datos.

—Según eso, Prof, cuando yo estaba en la pizarra y el profesor me gritaba, ¿pudo deberse a múltiples razones?

—Múltiples razones, claro que sí. Porque tu profesor quiere lo mejor para ti, pero no sabe manifestarlo de otra forma. Porque está celoso de tu belleza. Porque te detesta. Porque le recuerdas a alguien que detesta. Porque se detesta a sí mismo. Porque le duele una muela.

—Eso me recuerda algo. Tenía siete años cuando, un día, mi padre me ignoró y luego me regañó. Me sentí tan agredida que incluso tenía miedo de afrontar su mirada. Pasaron varios días y una tarde él se acercó a mí de buen humor. Quería jugar conmigo. No entendí ese cambio de actitud. Entonces mi madre exclamó: «¡Por lo visto ya no te duele la muela!». Me llevó un tiempo entender que es mejor no creerse responsable del comportamiento de los otros. Sea como fuere, escuchar las palabras de mi madre me hizo mucho bien. Hoy comprendo por qué me gritó. No fue porque me odiase, sino porque le dolía una muela...

EL SENTIDO = CLASIFICACIÓN DEL EVENTO
POR NUESTRA MEMORIA

3. La emoción

—El evento exterior (los gritos de tu padre) cobra el sentido (mi padre es malo – le duele una muela) que le da el receptor (tú). El todo produce la emoción (miedo o compasión).

»Del encuentro que se produce entre el evento exterior y el sentido que le damos (por los otros en nosotros) surge la emoción.

—¿Qué diferencia hay entre la emoción y la sensación?

—La etimología puede darnos la respuesta; nos enseña que «emocionar» viene de «movimiento» o «impulso». De forma que podemos decir: la emoción es *¡un motín en nuestro cuerpo!*

»La emoción es una energía impresionante que se propone poner nuestra vida en movimiento. Por algo decimos:

»*El miedo da alas, el amor también.*

»*La pasión mueve montañas.*

»*La cólera funde los metales y derriba murallas…*

»La emoción se vive:

- Bien positivamente, y entonces se convierte en un Recurso para nuestra vida.
- Bien negativamente, y en ese caso necesita una reacción de adaptación.
- Bien de forma neutra: al no ser portadora de sentido, no produce ninguna emoción; la memorización del evento es imposible.

—Mi padre me grita. Si pienso: *Eso quiere decir que me ama,* recordar esa escena es fuente de alegría. Pero si creo que significa *soy mala,* eso me produce estrés, me desvaloriza y me provoca una agitación interior que no quiero retener ahí, dentro de mí. Si eso quiere decir que ni me ama ni me odia, *es que tiene un problema en una muela,* y olvido el evento en el acto. ¿Es así?

—Exactamente. **La emoción es una traslación orgánica del sentido dado al evento**. Es una energía que, como toda energía, está ahí para actuar y encierra un potencial que puede ser formidable. Una noche, por miedo a unos ladrones, una abuela movió su armario de dos cuerpos para bloquear la puerta de su cuarto. Pasado el peligro, dos hombres tuvieron que emplear toda su fuerza para devolver el armario a su lugar.

EMOCIÓN = EVENTO + SENTIDO

—Dígame, Prof, ¿qué ocurre con esa emoción cuando no es expresada?

4. EL SENTIMIENTO

—La emoción puede ser pensada, mentalizada; entonces se convierte en sentimiento *(sentido mentalizado)* y así aleja cualquier resentido.

—¿Por ejemplo?

—Por ejemplo: *creo que hay ira en alguna parte de mí, pero al mismo tiempo no tengo ninguna sensación de esa ira.*

SENTIMIENTO = MENTALIZACIÓN DE: EVENTO + SENTIDO

5. LA SENSACIÓN

—La emoción puede estar interiorizada en lo más profundo, en lo secreto. Su huella en el cuerpo es la sensación: un hueco en el estómago, un nudo en la garganta, las piernas que flaquean, el corazón que se acelera... ¿Te acuerdas, por ejemplo, de cuando tu padre te estaba gritando?

—Sí.

—¿Qué ocurría dentro de ti?

—Tenía un nudo en el estómago, los músculos temblorosos y la garganta seca.

SENSACIÓN = IMPLANTACIÓN EN EL CUERPO DE: EVENTO + SENTIDO

6. Lo experimentado

—La emoción, soterrada en el cuerpo, se esconde aún más hondo y se convierte en lo experimentado, que es siempre inconsciente. Es el estado de evento-sentido-emoción más asociado que existe.

—¿Qué quiere decir «asociado»?

—*Asociado* quiere decir que el ser se ha *convertido* en su coche robado, en su oficio depreciado, en sus hijos escarnecidos, en su territorio amenazado, en la relación con su padre... Él ES eso.

»Lo experimentado es el susurro de la célula, su grito, su lamento, *su canto, su triste canción*. Por ejemplo, ¿qué sientes cuando tu padre te grita?

—... cuando papá me grita, siento... No puedo decir exactamente lo que pasa en mi fuero interno. Es...

LO EXPERIMENTADO = IMPLANTACIÓN
EN LAS CÉLULAS DE:
EVENTO + SENTIDO + EMOCIÓN

7. Comportamientos externos e internos

—Lo experimentado, esa formidable energía que por definición pretende actuar, va a buscar, como el agua bajo presión, ¡una falla por donde brotar! Si no puede ser expresado (de palabra, de acto...) y restituido al exterior (por ejemplo, bajo una forma artística o profesional), lo experimentado queda impreso en el cuerpo, que entonces expresa suceso-sentido-emoción-lo experimentado, en forma de síntoma físico (úlcera, pólipo...), psíquico (depresión, fobia, locura...) o comportamental (manías, aficiones, hábitos, automatismos, reflejos condicionados...).

»Lo experimentado busca la expresión posible, la falla por la que puede brotar el agua, la falla física (comportamiento interno), psíquica o comportamental (comportamiento externo).

COMPORTAMIENTO =
EVENTO + SENTIDO + EMOCIÓN +
LO EXPERIMENTADO

COMPORTAMIENTO EXTERNO = EXPRESIÓN
DEL EVENTO + SENTIDO + EMOCIÓN +
LO EXPERIMENTADO

COMPORTAMIENTO INTERNO (ENFERMEDAD) =
IMPRESIÓN EN EL CUERPO DEL EVENTO+
SENTIDO + EMOCIÓN + LO EXPERIMENTADO

—Así que por fin voy a poder comprender por qué mi piel se volvió tan blanca.

—Sí, gracias al resentido podrás encontrar el origen del vitíligo.

—Hábleme del resentido.

8. El resentido

—Resentir es acceder conscientemente a lo experimentado, experimentarlo de nuevo, **re**sentirlo; y el resentir permite disociarse de lo experimentado, no ser más su objeto ni su esclavo, sino el Amo.

RESENTIDO = LO EXPERIMENTADO CONCIENTIZADO

—La primera vez que me preguntó lo que se produjo en mí cuando mi padre me regañó, no pude responderle. Ahora lo he averiguado: me sentí sola, dejada de lado de mala manera.

9. El síntoma

EL SÍNTOMA, LA ENFERMEDAD, LA QUEJA =
CODIFICACIÓN O CONDICIÓN
DE ESTAR ASOCIADO
DE FORMA INCONSCIENTE
A UN EVENTO PERCIBIDO, CONMOVEDOR Y
EXPERIMENTADO

10. La curación

LA CURACIÓN = DESCODIFICACIÓN O
DISOCIACIÓN CONSCIENTE DE UN EVENTO
PERCIBIDO, CONMOVEDOR Y RESENTIDO

El bio-shock

—¿Qué eventos son susceptibles de generar un bio-shock? —pregunta la señorita Nieves.

—Todos. Algunos libros incluyen una lista de los dramas que causan una enfermedad, con distintos grados de intensidad. Semejante cosa no se corresponde con nada. Desde que ejerzo esta profesión de recolector de confidencias, he oído una gran variedad de eventos vividos y resentidos como chocantes: el colega de trabajo que nunca saluda, ¡el que saluda demasiado!, la madre demasiado presente, la madre demasiado ausente. Además, hablar de estos eventos equivale a hablar de... nada en absoluto.

»Veamos algunos ejemplos:

»Una mujer comenta que padeció un mal divorcio y que, desde entonces, está enferma. Decirlo no cambia nada. Está enferma. Contactar con la emoción es lo que va a iniciar una transformación. Encontrar el instante dramático, el resentido y la creencia la curan: "Mi marido me criticó una noche, al comienzo de una cena que compartíamos con unos amigos. Me sentí ultrajada".

»Otro caso: un niño que sufre por culpa de una mudanza. ¿En qué preciso momento se produce el bio-shock? Esta es una pregunta crucial. Imaginemos primero que aún no sabe nada de la mudanza; ¿es justo cuándo le informan del evento? ¿O es al ver por última vez a una amiga del barrio en el umbral de su puerta a las 9 y 32 minutos? ¿Yendo en el coche hacia su nueva casa? ¿Al descubrir su cuarto vacío? ¿O al conocer a sus nuevos compañeros de clase?

»El bio-shock nace de cualquier tipo de evento en un instante preciso y en un lugar preciso.

—¿Y mi vitíligo, cómo puedo comprenderlo?

—Según tú, Blancanieves, ¿qué utilidad puede tener la pérdida de pigmentación de la piel, el hecho de no broncearte?

—No lo sé. Al contrario, ¡es un inconveniente! El vitíligo me impide exponerme al sol.

—Lo sé. Hay numerosos sinsabores... y una sola ventaja. Igual que ocurre con las demás enfermedades. ¿Y cuál es la sola y única ventaja que justifica la creación de ese vitíligo? ¿Tal vez protegerte?

—¿…?

—¡De recibir cada vez más luz!

—Mi sol es mi padre, mi papá. Me mira tan poco… Siempre espero que me admire y recibo tan poco que abro hasta las células de mi piel… En ese caso, ¿todas las personas que padecen vitíligo quieren ser admiradas por su padre?

—No creo. Lo que sí sé es que no quieren que nada o casi nada se interponga entre la luz y ellas. Es la realidad biológica. Pero ¿qué encarna el sol para cada persona? ¿Es el padre, lo masculino, la verdad, alguna otra cosa? Ellas lo saben; bueno, su inconsciente lo sabe, yo no. Todas las personas que sufren de reumatismo tienen en común un resentido biológico conflictivo: la desvalorización. Las afectadas por la diabetes: el amor es peligroso. En el caso del vitíligo, se sienten separadas de la fuerza del sol o de sus equivalentes.

—Dicho así ¡es tan sencillo!

—Cuidado, lo que digo puede ser falso. Hay que comprobarlo siempre, en cada caso.

—¿Cómo?

—Encontrando el shock que provocó la enfermedad.

—¡El shock! ¿Pero cuál? ¡Todos sufrimos shocks, estrés, dificultades!

Los cuatro criterios de la caída en la enfermedad

—Sí, pero para entrar en el terreno de la biología, estos eventos deben responder a determinados criterios. Podemos vivir dramas importantes sin que por ello nos provoquen una enfermedad… Y a veces un drama no tan grave desencadena una tortícolis, un quiste de ovario. Eso es porque este evento responde a unos criterios precisos:

- Primer criterio: un evento **dramático**

Si se trata de un shock leve, no entra en la biología; lo que puede ser benigno desde un punto de vista racional puede tener una enorme importancia desde un punto de vista emocional. Lo que puede parecer anodino para el entorno, el sujeto puede vivirlo dramáticamente.

- Segundo criterio: **inesperado**

Es un evento, una sorpresa para la que no estamos preparados. Volvemos del trabajo antes de lo previsto. Al llegar a nuestro domicilio observamos la puerta forzada ¡y nos encontramos frente a un ladrón con la cara tapada por un pasamontañas!

- Tercer criterio: vivido en **aislamiento**

El sujeto no habla del tema, no manifiesta su resentido profundo.

Todo el mundo sabe que han despedido al señor Muñoz y que la señora García tiene un hijo autista... Conocemos el evento exterior, pero en el momento del anuncio del diagnóstico o del anuncio del despido, ¿qué vivieron? ¿Qué pasó en la persona? ¿Qué sentido le dieron a ese evento? ¿Qué emoción sintieron? Ese es un hecho secreto y propio de cada uno en función de su historia personal, familiar, de sus necesidades, valores, creencias, etc.

- Cuarto criterio: **sin solución**

Sin una solución duradera y satisfactoria, el conflicto que el sujeto no es capaz de gestionar es reprimido en el inconsciente biológico. La solución de un problema siempre es subjetiva y propia de cada persona. El resultado es la paz, un alivio moral y físico.

LO QUE YO SIENTO ¡MI BIOLOGÍA LO EXPRESA!

Me han despedido: esto es una constatación, pero no una emoción. La emoción asociada a esta frase puede ser una desvalorización: *mi vida ya no tiene sentido, carece de valor*.

Ahora bien, ¿qué nos permite mantenernos en pie y seguir luchando a pesar de todo? Por una parte, nos sostienen nuestros valores, y por otra, nuestro esqueleto, nuestros huesos. A partir del momento en que carecemos de valía para tal cosa o para tal otra, de inmediato se desencadena una descalcificación con numerosos matices.

Si es una desvalorización:

— como trabajador, como marido, esposa (todo lo que es social), se reflejará en el hombro derecho;
— como padre, madre, en el hombro izquierdo;
— en el ámbito afectivo, en las costillas;
— en el ámbito intelectual, en el cráneo;
— etc.

A cada hueso le corresponde una emoción, un resentido que no pudo ser verbalizado, que no pudo ser oído, que no pudo ser compartido. Y lo que no se expresa se imprime.

LA ENFERMEDAD: UNA SOLUCIÓN BIOLÓGICA INCONSCIENTE

La mujer no es capaz de sobrellevar este trance: su hijito es autista y ella quiere darle lo mejor de sí misma; pero no tiene ninguna solución; ni siquiera verbaliza el problema, no habla de él. Puesto que en su caso se dan los cuatro criterios, el conflicto es transmitido a su biología *vía* el cerebro, ya que el cerebro es la interfaz entre el mundo de las emociones y el mundo del cuerpo. La emoción afecta a una zona precisa del cerebro, zona que a su vez está vinculada con un órgano preciso. En nuestro ejemplo: el seno, que inmediatamente va a producir leche para ese niño. Puesto que la mujer no tiene ninguna solución, es su biología la que pone en marcha una solución de adaptación.

—Otro caso, también relacionado con los senos, te ayudará a comprender mejor el sentido biológico. Esta historia tuvo lugar en la costa de Bretaña. Tras una violenta tempestad, unos pescadores vislumbran un velero desarbolado y a la deriva que parece abandonado. Se acercan a la embarcación pensando que los ocupantes debieron morir durante la tempestad. Al registrar el velero encuentran a un bebé con vida. Pero aún les falta una semana de navegación hasta llegar a puerto. Uno de los marineros (cuya historia personal no conozco, aunque sin duda está relacionada con esta vivencia...) afirma entonces: *¡produciré leche!* La anécdota, referida en los periódicos, cuenta que sus pechos dieron leche. Y así el bebé logró sobrevivir. Cuando llegaron a la maternidad, el marinero dejó de producir leche: ya no tenía sentido, ninguna utilidad biológica, puesto que la función psicobiológica de la glándula mamaria es dar algo de sí mismo al otro...

»Otra historia, también real, la ofrece una gata que da a luz doce gatitos. ¡Tiene muchas más crías que mamas! Esta gata vive con su propia madre, la abuela de los doce gatitos. Entonces la abuela gata empieza a producir leche sin estar encinta. El sentido biológico es, por supuesto, alimentar a las crías ante el estrés que implica: *Van a morir, tengo que dar algo de mí*. De modo que empezó a producir leche.

»Te cuento todo esto para explicarte que, según esta hipótesis, nacida de la práctica y de la experiencia, la enfermedad no está ahí para fastidiarnos ni para ser combatida. No está ahí como algo malo. En el fondo, la enfermedad porta un mensaje, un sentido, una utilidad oculta. Este es el nuevo paradigma.

»Podemos vivir un verdadero resentido a partir de una vivencia completamente imaginaria, como la del hombre que gana 2.000 euros al mes y que al ver su sueldo rebajado a 1.500 piensa: *Ay, voy a morirme de hambre*... O bien es despedido y se dice que morirá de hambre, que no tendrá nada que comer... Su cabeza sabe que hay asociaciones y unas estructuras que, evidentemente, impedirán que fallezca de inanición. Da igual, él tiene eso grabado en su biología, en sus tripas, y, en ese momento, activa el programa de adaptación, de supervivencia, que es la función de ese resentido: *Puesto que tengo miedo de morirme de hambre, mi solución de supervivencia es hacer acopio de alimentos*.

»¿Y quién se ocupa de eso en la biología? No son los senos, ni las rodillas; tampoco las orejas... Es el hígado. Entre las múltiples funciones del hígado está la de almacenar glucógeno, la energía de base del cuerpo. Se trata, pues, de almacenar energía, ya que *voy a morirme de hambre, y en vista de un próximo despido, siempre debo tener esta energía a mi disposición*... En ese momento puede empezar a crecer un nódulo, el aumento de una parte del hígado que tiene ese sentido biológico.

»Otra reacción puede ser el miedo a morir... Ese resentido, si no es verbalizado, si no es expresado, si no es compartido, va a imprimirse. Y si se da ese *tengo miedo a morirme*, ¿cuál es la solución biológica? La solución arcaica es respirar hondo, ya que en la biología, en la historia filogenética de la especie humana, la vida se traduce en términos de oxígeno, de aire... «El primer soplo» o «el último suspiro» son solo algunas de las muchas expresiones populares. Si tengo miedo a morirme, debo respirar a pleno pulmón para atrapar más oxígeno, es decir, más vida, y así aumentar y optimizar mis posibilidades de supervivencia. Esto puede originar, por ejemplo, un tumor en los pulmones. Pero también podemos vivir otros temores, como el miedo a la enfermedad, a la novedad, a lo desconocido, al extranjero, lo que afectará a los ganglios.

—Decir todo lo que sentimos, liberarnos de esa carga, ¿permite evitar la enfermedad?

—Así es.

—Sin embargo, cuando mi profesor me gritó, yo hablé de mi emoción, de mi miedo. Y eso no cambió nada. ¿Por qué?

RESENTIDOS PRIMARIO, SECUNDARIO Y TRANSGENERACIONAL

—Expresas una emoción que aseguras sentir y, sin embargo, eso no te alivia. Es lo que me quieres decir, ¿verdad?

—Sí.

—Esto ocurre porque existen tres formas de emoción; esta particularidad a menudo es motivo de confusión y fracaso en la terapia.

Las emociones primarias

»Tras un evento E, la emoción primaria es la emoción que sentimos realmente. Ejemplo: la señora X ve con sus propios ojos cómo un coche atropella a su perro. La señora X siente ira. Y expresa toda esa ira. El hecho de exteriorizarla la reconforta, la libera definitivamente. La señora X pudo sentirse escuchada; después se siente en paz.

Las emociones secundarias

»Se trata de las emociones permitidas por el entorno (sociedad, medio profesional, familiar...). Por ejemplo: la señora X ve a su perro atropellado por un coche. ¡Siente furia y llora! Todo el mundo quiere consolarla. Ella afirma estar triste. Lo que es falso, es una mentira. Lo que sucede es que, en su medio social, la cólera está mal vista. Una mujer nunca debe ponerse furiosa. En cambio, sí tiene derecho a llorar. La circunstancia de expresar sus emociones secundarias (la tristeza) no la reconforta lo más mínimo, pero le permite disimular sus emociones primarias.

—Frente al profesor, lo que realmente sentí no era miedo, sino soledad. Por el simple hecho de decírselo a usted, algo empieza a cambiar dentro de mí.

La emoción transgeneracional

—Es una emoción adquirida; viene de nuestros ancestros. No le pertenece a la persona. Para curarnos de esa emoción, debemos viajar en el árbol psicogenealógico y contactar con el antepasado en cuestión, es decir, aquel que por primera vez sintió esa emoción que luego fue transmitida de generación en generación. Encontrar el origen de esta emoción ancestral libera hondamente. El sujeto experimenta un profundo alivio, una consumación, una plenitud interior..., una liberación, un éxtasis.

»Aunque identificar y tratar la emoción primaria no significa el fin de la terapia.

Cuando un shock genera una creencia

En el siguiente ejemplo tenemos el caso de una mujer que ha sido agredida, violada, y que desarrolla un conflicto de mácula sexual con la enfermedad que aparece: un melanoma en la vulva. Trata el melanoma y se libera de la emoción. Revivió el evento, sí, pero no trató la creencia. Veinte años más tarde, sigue soltera, sin hijos, por su creencia: *Los hombres solo acarrean cosas negativas*. Es la creencia que nació en aquel instante.

Dicho de otra forma: se produce el evento, al que le damos un sentido, un sentido que crea una emoción. Esta, traducida en biología, pasa al cerebro, que le da una orden al órgano: bien sea la de escarbar (tipo úlcera de estómago, si es una agresión), bien sea la de formar una masa (pues tras una pérdida, se trata de rellenar, de colmar). En el momento del shock, tenemos todas las informaciones. Se trata de revivir ese evento, de enunciar el resentido y luego de trabajar en la creencia que se originó.

SI NUESTROS ANTEPASADOS SUPIERAN

La información nunca se pierde, aunque se remonte a varias generaciones atrás. Porque el síntoma es una parte del inconsciente cristalizado, es una historia emocional. La persona está en contacto con el evento olvidado. Mediante la hipnosis, la relajación o simplemente permitiéndose ser ella misma y dar rienda suelta a sus emociones en un ambiente de total seguridad, podemos acceder al evento de manera bastante sencilla. Esto exige una relación terapéutica de absoluta confianza; la persona debe dar su autorización y sentirse segura. Por otra parte, lo está deseando, pero al mismo tiempo tiene miedo de entregarse a la emoción.

Luego hay que trabajar en el sentido, en las creencias. Para ello se necesitan unas herramientas que posibiliten descubrir por qué le hemos dado ese sentido. También en este caso, la respuesta está en la persona (como si ambas, respuesta y persona, fuesen casi lo mismo).

Además, un síntoma puede estar ligado a cuatro o cinco dramas. De forma que puede haber varias causas que habrá que desprogramar una por una.

Una vez que la persona se ha expresado, la enfermedad deja de estar impresa. Entonces puede haber curaciones inmediatas y otras que lleven más tiempo, varias semanas o varios meses.

CONCLUSIÓN

En conclusión, resume Prof, la primera terapia, la enfermedad, está ahí para transformarnos cuando experimentamos las transformaciones de nuestro entorno. Entonces:

- bien transformamos el entorno (ejemplo: si el vecino o el sol me molestan demasiado, me mudo o me pongo a la sombra);
- bien la enfermedad sigue transformándonos (me bronceo o desarrollo un tumor de piel);
- o bien nosotros transformamos a la enfermedad (al darle otro sentido al comportamiento del vecino, ya no necesito protegerme de él, y la piel se normaliza).

—Voy a resumir lo que he comprendido —propone Blancanieves—. Cada enfermedad es un proceso personal en reacción a un evento real o vivido como tal (imaginario), personal o transgeneracional. Este evento genera una expresión en la biología o en nuestros comportamientos.

—Exactamente.

2. Comprender mejor la terapia

LA TERAPIA: IR DONDE DUELE PARA IR A MEJOR

Esta es una nueva percepción de la enfermedad, ya que al considerarla cargada de significados la vemos como algo útil, como un mensaje. Si nos privamos de ese mensaje, privamos de conciencia a una parte de nosotros mismos; nos privamos de una posibilidad de evolución, de maduración.

Algunos pacientes que se adentraron en la psico-bio-terapia por un problema físico salieron enriquecidos, más conscientes de sí mismos. Aunque, por supuesto, también se pueden utilizar todas las demás formas terapéuticas que sirven para dar apoyo a las personas. Creo que el principal interés es el de sacar a la luz lo «no dicho», encontrar ese inconsciente, ese sufrimiento, y de una vez por todas librarse de él a fin de estar disponibles para el mundo real que nos rodea, en vez de difuminar, de ocultar determinadas cosas, o de amplificar otras.

La acción que propongo es ir allí donde duele, donde no queremos ir, a ese inconsciente emocional, doloroso, difícil. Ir allí donde no hemos encontrado ninguna solución, donde no hemos sabido adaptarnos…

Es raro que vayamos por nuestra cuenta. Y justamente por eso el cuerpo produce el síntoma. Caer en la enfermedad o curarnos ¡es el mismo camino tomado en un sentido o en el otro!

LOCALIZAR EL SHOCK: UNA LIBERACIÓN

Localizar el shock, y el resentido en el momento del shock, es un elemento muy importante de la terapia, tal vez el 50 por 100 de la curación.

Cuando una persona llega a la consulta con un problema de estornudos continuos o, por ejemplo, de rinitis, lo interesante de la Descodificación Biológica es que permite ahorrar tiempo, ir derecho al objetivo en cada conflicto particular.

Prof, entusiasmado, zapatea sin moverse de su sitio.

—Me acuerdo de una mujer que llevaba ¡treinta y cinco años padeciendo de estornudos irreprimibles! Entonces le hablé del conflicto del toro y el mosquito. ¡Me llevó cinco minutos! Y ella desprogramó en cinco minutos algo que sufría desde hacía treinta y cinco años.

»El sentido biológico del estornudo es que en mi cuerpo se ha introducido algo que no deseo. Es como un mosquito en el hocico de un toro. La solución biológica entonces es estornudar o tener una rinitis a fin de expulsarlo. Si esa cosa ha penetrado más hondamente, puede producir accesos de tos.

»Lo único que hice fue contarle esa historia... A la mujer no le llevó ni una hora, ni siquiera media hora, encontrar su conflicto. Porque como se trata de biología yo no me dirijo a su razón pensante, intelectual. Me dirijo a su nariz, a esa parte del inconsciente que está ahí, a la realidad biológica que está ahí, en esa tripolaridad que forman emoción, cerebro y cuerpo. Me dirijo a la vez a las neuronas que se ocupan de la nariz, me dirijo a la mucosa y me dirijo a ese resentido que es: *No quiero que el otro se inmiscuya*. Inmediatamente me confía que adora a su marido, pero que a menudo él invade su cocina. Se cuela como un intruso, pero ella no le dice nada, porque lo quiere y no desea ofenderlo. Pero es su territorio. Es su cocina. Él simplemente destapa las ollas: *¿Y ahora qué sabroso manjar me estás preparando?* La mujer podría sentirse halagada, pero en cambio lo vive así: *Todo el resto de la casa es tuyo, pero la cocina no*. Ella no lo dice, por tanto lo interioriza, lo biologiza. Y al tomar conciencia de ello, la mujer estalló en carcajadas y sus estornudos se interrumpieron en el acto. El hecho de localizar el resentido fue liberador para ella.

»Cuando verdaderamente localizamos el evento *causal*, el origen, con eso a veces es suficiente para sanar. Puede ocurrir que nos cueste encontrarlo. Las terapias breves son herramientas que nos permiten localizar el conflicto oculto. De todas formas, yo diría que encontrarlo es sencillo, porque, incluso si el origen parece perdido y remoto, en realidad nada está perdido. El síntoma es, finalmente, el inconsciente cristalizado.

»Cuando veo a alguien que tiene un síntoma, sea el que fuere, sé que hay algo inconsciente, una emoción que está cristalizada bajo la forma de una patología. Utilizando la descodificación de los órganos, puedo proponer un resentido. Lo verbalizo o, mejor aún, hago que el paciente lo verbalice. Esta historia de los estornudos que acabo de referirte no encontrará ningún eco entre los que no padecen ese síntoma, es decir, entre los que no tienen ese conflicto. En cuanto a los que sufren de problemas de estornudos o de rinitis, tal vez van a pensar/resentir, *intelisentir* de inmediato una historia personal reprimida.

TERAPIA: UNA TOMA DE CONCIENCIA

»Y ahora otra historia que también fue fulgurante:

»Hablamos de un hombre que todas las noches se levanta varias veces para ir al baño. Lleva así veinticinco años; de hecho, desde que se mudó a su apartamento. Resulta que el vecino de arriba se levanta todas las noches, pone un poco de música y se vuelve a la cama. El vecino traspasa los límites de su territorio; nuestro hombre ve su resentido «invadido». ¿Qué órgano tiene la solución para esto? Solo uno: la vejiga, el órgano que en el mundo animal y humano permite marcar los límites de un territorio. Eso es lo que él siente de forma inconsciente, *biológica*. El hombre no tiene una solución psicológica, consciente, voluntaria. No va a mudarse. Como es limpio, no va a orinar alrededor de su cama; así que va al baño... Pero sin duda ese es el programa que expresa. Cuando tomó conciencia de ello, el problema se terminó. Hasta tal punto que una semana después pensó: *No puedo creerlo, es demasiado alucinante*. Así que una noche, antes de acostarse, se bebió tres vasos de agua... y durmió muy bien. A la mañana siguiente, se despertó con la vejiga hinchada. Para él, el hecho de escuchar ese resentido, de localizar el evento, fue suficiente.

»Las personas que padecen problemas de cistitis deben dejar entrar en ellas, no ya intelectualmente, sino corporalmente, emocionalmente, la frase: *El otro invade mi territorio; ¡no puedo organizarlo como me gustaría!*

»A veces la toma de conciencia permite la curación. Digo bien, «a veces», pues de hecho, tras el resentido se oculta una creencia. Creo que para que haya un shock tiene que haber una creencia limitante. Por ejemplo, una creencia del tipo: *Para existir es preciso ser respetado, siempre y en todo momento, y el ruido es siempre señal de una falta de respeto. El vecino hace ruido para negarme*.

Salir de tus distorsiones

—¿Y yo?, ¿qué debo hacer yo para no sufrir más y para curarme? —pregunta, inquieta, Blancanieves.

—Estas son algunas guías para salir de tus distorsiones —le responde Prof:

- Comprender y desanudar las necesidades de fusión que el otro siente por ti y que tú sientes por el otro.
- Integrar el espacio entre uno mismo y el otro como fuente de libertad y autonomía.
- Verificar si tus deseos de hoy no son frustraciones del pasado aún no aceptadas... Necesidades pasadas nunca satisfechas... [1]
- Aprender a estar en relación con lo que es y no con lo que nos gustaría que fuese.

[1] «Vivir no es satisfacer todos tus deseos, sino aceptar tus frustraciones». (Jean Séraphin Dac).

- Ser consciente de tus límites, buscar la excelencia accesible en vez de la perfección.

—Por tanto, ¡debo comprender mejor el sentido de mis relaciones! —deduce Blancanieves de las palabras de Prof.

—Efectivamente. Antes de que empieces tu terapia propiamente dicha, deseo llamar tu atención sobre dos mensajes corrientes que limitan cualquier evolución: *victimización y consejo.*

Lo que la terapia no es

1. **Una victimización (o coartada para la inercia)**
   Ejemplos:
   «Si estoy mal, ¡es por culpa de Fulanito!».
   «Si ella/él se mudase, ¡yo estaría bien!».
   «Si ella/él me comprendiese (es decir: estuviese de acuerdo conmigo), el problema desaparecería».
   «Estoy mal por culpa de los otros».

Esta actitud es una coartada para la inercia, para no trabajar en uno mismo. Y es una coartada eficaz. El otro es el que está mal; él es el origen del problema. Puesto que el otro es el culpable y yo estoy bien, yo soy perfecto y no tengo nada que reprocharme, y tampoco hay ninguna razón para cambiar.

Sin embargo, ¿quién sufre?

¿Yo: la supuesta víctima? ¿O el otro: el supuesto verdugo?

Yo. ¿Qué hacer entonces? ¿No será que, a fin de cuentas, la víctima es también su propio verdugo?...

¿Y cuáles son las creencias implícitas en esta forma de ver las cosas?

El origen del problema está en el exterior. En consecuencia, el paciente sufre, es pasivo en su evolución.

De modo que todo el tiempo que has pasado creyendo que tu madre es la culpable de tu desgracia, y el tiempo que pasarás esperando que cambie, ¡es tiempo perdido!

2. Un consejo

—Cada vez que le doy un consejo a alguien que tiene un problema, el mensaje inconsciente es: «Yo soy un adulto, tú eres un niño» [2].

»El consejo infantiliza.

He aquí unos ejemplos de frases corrientes:

«Si yo estuviese en su lugar, acudiría a mi consulta dentro de tres semanas (sic)».

«Debería romper; yo me he divorciado tres veces y me siento perfectamente».

«No se preocupe tanto; supere su problema».

«Usted podría blablablá…».

Incluso cuando el consejo es digno de tomarse en cuenta, ¿qué mensajes ocultos encierra?

«Usted es un inútil y yo no; usted no es capaz de encontrar la respuesta por sí mismo y yo sí».

«Por tanto, usted me necesitará siempre»: dependencia.

La solución viene de los otros, del exterior.

El paciente la recibe y su evolución es pasiva.

—¡Y yo que pensaba que iba a decirme todo lo que debo hacer para estar bien! —le confiesa Blancanieves.

[2] ¡¿Y por qué no?! A veces es oportuno actuar así con un paciente, con un amigo, durante una etapa de desconcierto en su vida. Eso sí, el terapeuta debe ser consciente de lo que hace y de por qué lo hace.

En consecuencia: para no curarse

—Busco el origen del problema en el exterior (victimismo).
»Encuentro una solución exterior (infantilización).
»Traslado los problemas exteriores al interior (culpabilidad).

—¡Pero yo quiero curarme! Estoy más que harta de sentirme mal, de sufrir —exclama Blancanieves.

Para curarse

—Entonces, esto es lo que debes hacer si realmente quieres *cambiar sin dejar de ser tú misma*[3].

ENCONTRAR EL ORIGEN DEL PROBLEMA EN EL INTERIOR DE UNO MISMO (RESPONSABILIZACIÓN)

Un día, en la consulta de Milton Erikson, otro gigante de la terapia, coinciden dos pacientes:

- Una mujer de soberbia belleza e inteligencia… aquejada de una grave enfermedad; solo le quedan seis meses de vida.
- Un viejo alcohólico y fumador, arisco, pesado, un fastidio para todo el mundo; goza de perfecta salud.

El doctor Erikson lo considera una injusticia. Se encierra en su despacho y decide que no saldrá hasta que haya… ¡*aceptado* la vida tal como es!

---

[3] Cambiar permite seguir siendo uno mismo.

Y eso fue lo que hizo. Cuando al cabo de varias horas abandonó su despacho, esta experiencia se había convertido en la piedra fundadora de un recurso para toda su vida. El doctor no cambió el mundo, pues lo que le hacía sufrir estaba en él: la no aceptación de la realidad.

Como ya sabemos, ante una misma situación ¡tendremos tantas reacciones distintas como individuos haya!

Cincuenta personas son despedidas: algunas lloran; otras gritan, lanzan alaridos de rabia; otras están postradas, y no faltan las que se angustian pensando en el mañana. Pero siempre hay alguien que ve en el hecho del despido una oportunidad: *¡Voy a hacer lo que nunca me había atrevido a realizar! Vivir mis sueños; ¡por fin soy libre!*

—De hecho, sea cual fuere el problema, desde el más insignificante al peor imaginable, si no acepto mi responsabilidad en lo que me ocurre, no lo superaré. Yo elijo, cada vez que un drama me afecta, *si me alzo en armas, si descargo mi ira o si me río y me repongo*.

—¡Pero no es culpa mía si mi madre estaba celosa de mí y si mi padre me ignoraba! —exclama Blancanieves.

—¡Por supuesto que no! Pero cuando son cosas del pasado, seguir sufriendo por ellas viene de este deseo: «Quiero al padre (y a la madre) que no tuve, con unas cualidades que él no tenía y una infancia que tampoco tuvo»... Para ello tendrás que encontrar las necesidades insatisfechas de tu padre hacia ti y las tuyas con él; y lo mismo con tu madre.

¡Aceptar no quiere decir abdicar!

Cuando llueve, puedo negar la lluvia, salir a cuerpo y terminar calado hasta los huesos, o puedo aceptarla y adaptarme poniéndome una gabardina y cogiendo un paraguas, por ejemplo. Pero no me quedo en casa.

Acepta la vida tal como es, igual que hizo M. H. Erikson; ¡la hermosa mujer murió y el viejo fastidioso sigue vivo!

SACAR EL PROBLEMA AL EXTERIOR

—Sacar el problema al exterior es muy sencillo; hablar de él ya es alejarlo de uno mismo. Simbolizar el problema con un objeto, con un dibujo, son formas de exorcizar esos fantasmas internos y volverlos inofensivos.

—¿Podemos actuar sobre lo que está en nosotros mismos? ¿Cómo se hace? ¿Tomando drogas? ¿Con una operación?

—¿Acaso podemos curarnos realmente si ignoramos lo que debemos curar?

»Para actuar sobre una dificultad es importante tener una representación de esa dificultad. Las representaciones pueden ser de muchas clases: visuales, mentales, verbales; puede ser un objeto, una puesta en escena simbólica, un psicodrama, siguiendo el estilo de especialistas como Salomé, Jodorowsky, Bert Hellinger, etc.

»Por ejemplo, el señor X, víctima de una depresión, no sabe qué hacer ni contra qué luchar. Al simbolizar su mal bajo la forma de una figura humana de arcilla, puede modelar fácilmente la materia, hacerla evolucionar. Al actuar sobre una (la arcilla), actúa sobre la otra (la angustia); así es como su mal deja de estar petrificado y se vuelve cambiante, evoluciona, se transforma, se convierte en un recurso.

ENCONTRAR UNA SOLUCIÓN EN EL INTERIOR DE UNO MISMO (CONFIANZA EN TUS RECURSOS)

El recurso que viene del exterior nos vuelve dependientes desde el instante en que desaparece. El alcohol o las drogas son recursos exteriores. Encontrar recursos en uno mismo, valor, alegría, es parte de nuestra responsabilidad.

La cuestión es: ¿dónde está mi motor?, ¿dentro o fuera? ¿Voy en bicicleta o en un carruaje?

El psicobioterapeuta se ocupa de los conductores, no de los motores ni de las carrocerías.

Ejemplo:

Un día un pastor protestante, Merlin Carothers, recibe una carta:

> Deseo ser un instrumento de Dios, pero por alguna razón no consigo someterme por completo a Él.
>
> No sé hacia quién volverme: ¿hacia mi marido, que regresó a casa tras irse a vivir con otra mujer cuando yo estaba embarazada de siete meses, o hacia un hombre que se mostró considerado conmigo y con mis hijos, y que nos trató como si fuésemos oro en paño? Mi marido me pegaba cada vez que mis opiniones no coincidían con las suyas. La otra mujer se quedó con él hasta que se hartó de sus golpes. El hombre que acudió en mi ayuda es un buen cristiano.
>
> No tengo el menor deseo de reconciliarme con mi marido, pero me dicen que es mi deber, sea cual fuere su comportamiento. No sé qué quiere Dios. Verdaderamente necesito sus oraciones para ayudarme a salir de este atolladero y para saber lo que Dios espera de mí.

La respuesta del pastor:

> Puede usted contar con mis oraciones, pero no tengo ningún consejo que darle. Hay mucha gente que siempre sabe lo que los demás deberían hacer. Su opinión no les cuesta nada y generalmente es de mala calidad. Pretenden que usted se ajuste a su imagen del

cristiano, sea cual sea. Creo que a Dios le interesa más su amor por él que lo que usted haga. Si me escucha, a mí o a cualquier otro, es probable que no oiga lo que a Él le gustaría decirle.

Tome su decisión con la plena confianza de que Dios la interpretará bien.

En resumen

- Sacar al exterior de uno mismo el desencadenante del problema y observarlo, estudiarlo.
- Encontrar el origen del problema en el interior de uno mismo (responsabilizarse).
- Sacarlo al exterior (disociar el problema de tu identidad).
- Y encontrar una solución en el interior de uno mismo (es decir, vivir confiando en tus propios recursos).

—Si entiendo bien, debo encontrar lo que desencadenó mi malestar. Estoy casi segura de que fue el evento de la clase, cuando el profesor me gritó. Pero luego, en mi interior, ¿qué significa esto?

—¿Cuál era tu necesidad insatisfecha?

—La necesidad de reconocimiento.

—De no haber tenido esa necesidad, no habrías sufrido por culpa de los gritos.

—Seguro que no. Por tanto, el origen está en mí. Lo siguiente es sacarlo al exterior. ¿O sea?

—Si tu necesidad fuese un objeto de esta habitación, ¿qué objeto sería?

—Uhmmm... ¡Esa planta verde!

—¿Qué deseas hacer por esa planta?

—Quererla, mimarla, limpiarle el polvo.

—Ese recurso está en ti, ¿verdad? Puedes hacerlo.

—¿Estoy curada?

—¿Curada de qué? Eso es lo que vamos a precisar ahora.

Por cierto, ¿curada de qué?

Y mi respuesta es:

De una queja personal vivida de forma concreta, reciente y repetitiva, y cuyas consecuencias se perciben como limitantes.

De lo contrario, ¡no hay terapia posible!

queja:

—Incluso si es confusa y difícil de definir, es el elemento mínimo para el comienzo de cualquier terapia.

»Si no tienes ninguna queja, no pondrás la menor energía en cambiar, no te movilizarás y, en consecuencia, no habrá terapia. De modo que ¿cuál es el objeto real de tu presencia aquí?

—Dejar de sufrir, dejar de tener horribles imágenes del pasado en la cabeza, estar bien, disfrutar con mi marido, cantar, pasearme libre.

—Sabes bien lo que no quieres, Blancanieves: sufrir. En cuanto a lo que deseas: disfrutar, pasear..., ¿eres tú la que quiere esas cosas?

personal:

—Al principio, mi marido me animó a venir, pero realmente fui yo la que, un día, decidió dar el primer paso.

—En efecto, a veces la queja emana de otra persona. A menudo oigo: «Cambia para complacerme; yo estaría mucho mejor si fueses a ver a un terapeuta, si cambiases tu comportamiento, si fueses sumisa conmigo...».

»Si se acude a una terapia solo para complacer al otro, más vale no cambiar. Y cuando mi comportamiento no me incomoda a mí, sino que molesta al prójimo, lo mejor es cambiar esa manía de complacer *contra* tu voluntad.

vivida de forma concreta:

—¿Podemos curarnos de las secuelas de la infancia que limitan nuestro potencial de inserción en la vida social? —pregunta Blancanieves.

—Nosotros no tratamos una impresión, un pensamiento, una opinión, una construcción de la mente. El problema está en lo concreto. Quiero saber de qué experiencia precisa, concreta, emana ese pensamiento.

—¡Lo leí en un libro!

—Pero en tu caso, ¿cuál es el problema?

—Por la mañana, cuando salía a la calle, me sentía atenazada.

—El problema es consciente, localizable en el tiempo y ligado a un resentido.

reciente:

—¿Cuándo fue la última vez que te pasó?

—Hace diez años.

—Entonces no vamos a trabajar esta cuestión. Si el problema (la angustia, la enfermedad, la fobia...) lleva años sin repetirse, tanto mejor. Sigue como hasta ahora; sin duda se solucionó.

—¡No! Quiero trabajar en esto; tengo miedo de que vuelva.

—¿Sientes ese miedo a menudo?

—Sí, ¡todas las mañanas!

—¿Cuándo fue la última vez?

—Esta mañana.

—En tal caso, podemos trabajar en el problema, puesto que sigue manifestándose.

y repetitiva:

—Además, este problema reaparece regularmente.

—Me pregunto qué es lo que desencadena tu trastorno.

y cuyas consecuencias se perciben:

Todo problema tiene un impacto emocional que te lleva a la consulta. El problema puede ser puramente emocional (angustia, tristeza...). Si es comportamental (enfermedad, nerviosismo, apatía, vacío emocional...), son sus consecuencias las que llevan a buscar la ayuda de un terapeuta, es decir, *a desear un cambio duradero, accesible, que comporte beneficios respecto a la situación-problema, así como una evolución posible en el tiempo*.

como limitantes:

De lo contrario, ¿por qué cambiar?

El objetivo de una terapia, sea cual fuere, es permitirle al individuo aumentar su poder de elección y su libertad interior.

¿Cómo sanar?

A fin de tratar la enfermedad, hay que esforzarse por:

— localizar el shock,
— asumirlo en conciencia,
— resentirlo,
— comprenderlo,
— expresarlo,
— transformarlo,
— utilizarlo,
— darle las gracias.

Y sanar ¿para qué?

—¡Para dejar de estar mal, por supuesto! —le responde Blancanieves.

—Para mi gusto, ¡esa razón no basta! —le replica Prof.

—Para estar bien.

—¿Eso es todo?

—Para dar fe de que la vida es más fuerte que nada.

—Esto empieza a ponerse interesante; cualquier curación que no se abra al mundo no es curación… Pero sigamos, si te parece bien.

—Confío en usted.

—Entonces, escucha…

Y Prof traza una línea en su pizarra blanca.

—Es la línea del tiempo. Vamos a dirigirnos de lo más reciente a lo más antiguo.

3. Comprender mejor tus conflictos

Los conflictos de una historia de vida

LOS CONFLICTOS DESENCADENANTES

Definición

Por naturaleza, los conflictos desencadenantes rara vez son bioshocks; son circunstancias que generan un resentido de malestar. El paciente, en general, logra describir bastante bien el contexto circundante, aunque a veces esa descripción le parezca inútil.

Ejemplo

Una persona va al cine a ver una película que relata una historia de amor. La película la conmueve y al mismo tiempo la trastorna. Se expresa en estos términos: *Me conmovió mucho la escena en que le arrebatan el niño a su madre*.

El paciente a menudo justificará su malestar por las circunstancias exteriores (la multitud, el tiempo, el cansancio...). Sin embargo, la fuerza del resentido codificado no está ahí.

—En mi caso —dice Blancanieves—, me siento mal cuando estoy en la calle y percibo los ojos de los curiosos clavados en mí.

Enfoque terapéutico

—Es necesario describir exactamente ese resentido: cuándo, cómo, dónde, el comienzo y el final del resentido.

»Los conflictos desencadenantes son las formas de expresión de los conflictos programantes.

»Expresarlos produce un alivio indudable.

LOS CONFLICTOS PROGRAMANTES

Definición

Es un bio-shock, es decir, un shock repentino, nuevo, vivido en aislamiento, que tuvo lugar en cualquier momento de la vida del paciente y que puso en peligro la supervivencia del organismo vivo y obligó al individuo a cambiar, a adaptarse a algo nuevo. La codificación de este conflicto genera la puesta en marcha de un programa específico en el organismo: es su estrategia de supervivencia.

Si bien el programa de supervivencia es la solución perfecta en el momento del shock, parece sin embargo inadecuado fuera de ese contexto y, por tanto, se vive como una enfermedad, como un desorden, etc.

Ejemplo

Siguiendo con el caso anterior, el de la película: *Me ha recordado la muerte de mi madre cuando yo tenía cinco años; no pude verla, cogerla en mis brazos. Sentí un desgarro.*

—A mí —dice Blancanieves—, la mirada de los curiosos en la calle me provoca la misma emoción que cuando estoy bajo la mirada de los alumnos de aquella clase en la que el profesor me ridiculizó.

Enfoque terapéutico

El paciente debe describir:

— el resentido (del niño que ha perdido a su madre) hasta que esa emoción esté totalmente expresada,
— la creencia generada por (el fallecimiento de su madre),
— las necesidades que sintió en aquella época y que nunca expresó,
— el vínculo entre el resentido de ese programante y el resentido del desencadenante.

Los conflictos programantes programan los conflictos desencadenantes.

LOS CONFLICTOS ESTRUCTURANTES

Definición

Un conflicto estructurante es un bio-shock programante que tuvo lugar durante el periodo de maduración del sistema nervioso, entre el tiempo *in utero* y la edad de veinte/veinticinco años. Por descontado, cuanto más temprano se produzca el bio-shock, más conformará en profundidad la biología del adulto que se está forjando.

Imaginemos un muro construido con ladrillos: hay ladrillos rojos, muy resistentes, y ladrillos grises, más endebles. En la parte donde se encuentran los ladrillos grises el muro es más frágil y corre el riesgo de agrietarse. En las otras partes es mucho más estable. Los conflictos estructurantes son como esos ladrillos grises; son diferentes formas de fragilidad interna provenientes de nuestra construcción. En algunas personas encontramos ese tipo de conflictos estructurados alrededor de carencias o de excesos relacionados con nuestras necesidades fundamentales (alimentación, afecto, comunicación, seguridad...). Estos conflictos estructurantes orientan la vida con el objetivo de compensar esas carencias y/o esos excesos [1].

Un conflicto estructurante puede generar varios conflictos programantes.

Ejemplo

—En tu caso, Blancanieves, puede que la ausencia de la mirada de tu padre, esa falta de reconocimiento, haya creado una sensibilidad extrema a la mirada que los otros posan sobre ti. Ya que eres tan sensible a esto

---

[1] Véase *La gomme et l'encrier*, de Christian Flèche.

y vives en la espera permanente de ser admirada y con el miedo a ser rechazada, te has vuelto hipersensible en todo momento ante cualquier mirada. Puede ser.

—Es posible; lo que dice me resulta familiar.

Enfoque terapéutico

—Los conflictos estructurantes exigen una verdadera reeducación del pensamiento, de la conciencia y de los comportamientos. A menudo se puede tener la impresión de recaer en los mismos errores. El enfoque terapéutico principal consiste en comprender mejor la organización profunda de estos conflictos. Las constelaciones familiares y la exploración de sus creencias permiten lograr un resultado satisfactorio.

LOS CONFLICTOS DE NACIMIENTO

Definición

Las etapas alrededor del nacimiento, el contexto, las emociones de la madre, la forma en que el niño es expulsado, su llegada al mundo en medio del dolor, la inconsciencia o el malestar, todo ello puede ser fuente de conflictos. Si todo transcurre bien —lo que no es frecuente—, entonces el nacimiento no es problemático.

El nacimiento es una etapa capital de autonomía psicológica, pues se pasa a un nuevo ciclo existencial. Por primera vez, existo por mí mismo y no *vía* mi madre. Por supuesto, dependo de su calor, del alimento que me proporciona, de las respuestas dadas a mi necesidad de seguridad; pero todo pasa por mí en mi integridad psicológica. Según la forma en que se desarrolló el proceso de mi nacimiento, yo recreo ese mismo contexto en el ámbito socioprofesional o relacional.

Ejemplo

Si sufrí mucho en mi condición de recién nacido y una comadrona me salvó, es casi seguro que mi vida relacional estará jalonada de encuentros con mujeres-salvadoras.

Un paciente que nació mientras su madre estaba bajo anestesia general, cada vez que se sentía estresado tenía ganas de dormir. Toda su vida estaba estructurada en torno al sueño.

Enfoque terapéutico

Dado el importante factor emocional y somático, es preferible tratar este conflicto con un terapeuta. **En estos casos es posible** utilizar el dibujo, así como todas las herramientas simbólicas. Algunos enfoques corporales serán muy eficaces: renacimiento, agua caliente, etc.

LOS CONFLICTOS CONGÉNITOS

Definición

Durante el periodo de gestación, entre la concepción y el parto, el feto puede sufrir bio-shocks: una tentativa de interrupción voluntaria del embarazo, la pérdida de un gemelo, un golpe en el vientre de la madre, un conflicto específico de la madre durante el embarazo. Aparentemente, el feto y la madre comparten las mismas fases de sueño paradójico. Esto implica una resonancia conflictiva íntima. Explorar esta fase es ir al encuentro de las vivencias de nuestra madre, de las que nos hemos apropiado.

Ejemplos

Un paciente vivía en constante enfrentamiento con su madre. El hombre padecía fuertes dolores de vientre hasta el día que comprendió y resintió el intento de aborto que su madre había llevado a cabo para evitar que su marido la abandonase (el padre del paciente).

Durante la guerra, una mujer embarazada se ocupaba de ayudar a los heridos; los desgarros causados por las bombas en las piernas de los soldados le provocaron un shock. Muchos años más tarde, su hijo desarrolló una esclerosis múltiple, pues «era preciso», costase lo que costase, recordar esas piernas y detener aquella matanza. Tras comprender todo esto, el hijo pudo recuperarse en un 95 por 100.

Enfoque terapéutico

Es habitual que al paciente le cueste comprender lo que le ocurre, pues es algo que no le pertenece, que no le es propio. El conflicto pertenece a su madre.

Al igual que para los conflictos de nacimiento, es aconsejable tratar esta fase con un terapeuta. En efecto, al estar ausente el verbo, los resentidos son numerosos y parecen inexplicables. Las herramientas simbólicas también serán bienvenidas.

PROYECTO Y SENTIDO DE LOS PADRES

Definición

Así como en el origen de la creación de un objeto hay una intención, en el origen del niño está el proyecto de sus padres de una concepción. Este proyecto es parcialmente consciente y parcialmente inconsciente.

La preconcepción se corresponde con el ambiente reinante durante el periodo de dieciocho a nueve meses anterior al nacimiento. Las circunstancias en la vida de los padres van a generar un clima a veces conflictivo. El niño que está por nacer integrará en él unas búsquedas de soluciones a fin de responder a las necesidades insatisfechas de sus padres.

Ejemplos

Unos padres están inquietos por su seguridad material; al cabo de un tiempo conciben un hijo. La misión inconsciente de este hijo es confortar a sus padres. Será ahorrador y «elegirá» la profesión de banquero para hacer fructificar el dinero de sus clientes.

A una mujer depresiva le aconsejan que tenga un hijo. Mucho más adelante, el hijo será farmacéutico, venderá antidepresivos y solo se relacionará con mujeres depresivas.

Enfoque terapéutico

Consiste en una puesta en situación y en juegos de roles sobre el contexto de la preconcepción. El trabajo que debe desarrollarse durante este periodo será seleccionar lo que se quiere guardar y relativizar lo que no se desea conservar en uno.

Los conflictos genéticos: el transgeneracional

Definición

Los conflictos genéticos son memorias de bio-shocks transgeneracionales que se llevan en uno mismo. Nos son propios por fidelidad a nuestro clan familiar. No lo olvidemos: sin nuestra familia ni siquiera existiríamos. Somos un eslabón de un sistema que debe sobrevivir.

Una vez adultos, proyectamos este sistema en el ámbito social. Nuestro árbol no es simplemente un pasado de ancestros, sino una actualidad que nosotros recreamos diariamente. Algunos de nuestros comportamientos provienen, bien del linaje de los hombres de nuestra familia, bien del linaje de las mujeres o bien del linaje de las parejas en la noción de relación hombres/mujeres. Originalmente procedemos, forzosamente, de la unión de un hombre y de una mujer.

Ejemplo

El padre muere en la guerra. Sus descendientes concebirán principalmente hijas para evitar la posible muerte del «hombre».

Enfoque terapéutico

Constelaciones familiares y juegos de rol serán muy pertinentes.

CONCLUSIÓN

—¿Cuál es la finalidad de toda esta «limpieza» conflictiva? —le pregunta bruscamente Prof a una Blancanieves adormecida, como arrullada por el tono confidencial de la voz del hombre de barba blanca—. El objetivo final de esta lenta marcha es abrirse a una plena conciencia del tiempo presente y liberar la energía bloqueada en todos nuestros recuerdos. Estos conflictos programantes, estructurantes, de nacimiento, congénitos y genéticos se parecen un poco a esos virus durmientes que esperan, congelados en el espacio y el tiempo, una oportunidad para desencadenarse.

»También tengo la íntima convicción de que detrás de cada conflicto se ocultan unas aptitudes que nos permitirían vivir mejor nuestra vida.

Una nueva concienciación se abre paso en Blancanieves:

—¡Lo entiendo! Liberarte de tus recuerdos es aprender a recrear tu vida en conciencia. Además, ¡así evitaré que mis conflictos recaigan en mis futuros hijos!

—Para mí, ese es el objetivo de mi trabajo. ¿Te tienta la aventura que te he expuesto?

—¡Sí! —responde Blancanieves, ya completamente espabilada.

—Ahora que el marco está trazado, nos dirigiremos progresivamente hacia el alma y la especificidad de nuestro encuentro, lo que te permitirá cambiar y llegar a ser Tú: los protocolos.

—¿Qué es un protocolo? —pregunta Blancanieves—. Algún día, me gustaría ayudar a mi vez a otras personas, ¡y tal vez ser psicobioterapeuta!

—Todo está escrito en este libro; te lo confío, Blancanieves.

Y Blancanieves toma el libro entre sus manos. Al llegar a su hogar, curiosa, empieza esta lectura.

4. Comprender mejor los protocolos

TODO LO QUE NECESITAS SABER ANTES DE PARTIR DE VIAJE

Un protocolo es un modelo de terapia que incluye una serie de preguntas que debes responder o de acciones precisas que deberás llevar a cabo. El objetivo es que logres abrir un camino a través de tu resentido y de tu pensamiento, hacer avanzar tus reflexiones, tus impresiones, tu vida. Los frutos que recogerás serán informaciones y experiencias nuevas obtenidas de tu inconsciente biológico. Este es uno de sus objetivos.

Si el protocolo te ha resultado útil de verdad, notarás entonces un bienestar general o, a veces, si has desenterrado viejas emociones reprimidas, resentirás un malestar provisional. También puedes tener la impresión de estar como borracho/a, o sufrir vértigos, pues arcaicas impresiones han salido a la luz o has visto trastocados ciertos referentes; una regulación cerebro-orgánica empieza entonces a instalarse. Es una especie de convalecencia que puede durar desde varios minutos a horas. No olvidemos que el recorrido más importante que debes realizar no está tanto en tu cabeza, sino en lo más profundo de tu biología, en tus tripas...

¿QUÉ ES UNA SESIÓN DE PSICO-BIO-TERAPIA?

Paciente y terapeuta son dos personas distintas reunidas en torno a un deseo de ayuda; el primero siente el deseo de ser ayudado y el segundo el de ayudar a acceder a unas informaciones desconocidas hasta entonces por el paciente.

Desde luego que la lectura de un libro no basta para convertirse en terapeuta, pero puede contribuir a despertar el deseo de llegar a serlo o mejorar una práctica profesional ya existente.

El libro puede permitirle al paciente superar etapas interiores. Como pacientes, tendemos a expresar y a contar los hechos igual que un periodista narra lo que tiene frente a él. Los protocolos permiten ir al corazón de lo esencial: la codificación y la descodificación de su resentido.

Metáfora

Si decido reformar una habitación de mi apartamento:

— decido dedicarle una parte de mi tiempo;
— luego examino las paredes;
— compro los materiales necesarios;
— arranco el viejo papel pintado;
— lijo la pared;
— encolo el nuevo papel pintado, cuyos motivos se corresponden mejor con mis gustos de hoy;
— inspecciono el trabajo terminado.

Si traslado este ejemplo a una sesión,

— llamo para fijar una cita y así trabajar en lo que me perturba;
— en función del protocolo o de las preguntas del terapeuta, hablo de los eventos precisos de mi historia;
— el protocolo va a ayudarme a tomar conciencia de las «obras» que tendré que hacer;
— entro en mi resentido para examinar de cerca todas esas emociones que nunca he expresado;
— tomo conciencia de lo que se ha instalado en mi cuerpo (codificación, descodificación);
— vuelvo a la experiencia de mi presente;
— cuando pienso de nuevo en el evento en cuestión, ya no me embarga la emoción ni siento ningún malestar.

Muchos protocolos de este libro pueden ponerse en práctica sin un terapeuta. Sin embargo, conviene incluir algunas observaciones para los terapeutas.

¿CUÁL ES EL ROL DEL TERAPEUTA?

Su tarea es la de guiar al paciente a lo largo de todo su viaje para que se sienta seguro y cómodo, a pesar de que puede verse obligado a atravesar una tempestad.

Su tarea es asegurarse de que se produce la conexión con su resentido interno.

Su tarea es la de alentar la verbalización de todo lo que ocurre en él.

Cuanto más acostumbrado esté el paciente a realizar viajes interiores, antes accederá a su resentido y a nuevas informaciones.

Cuanto menos acostumbrado esté el paciente a explorar su resentido, más se extraviará en su lenguaje explicativo.

Teniendo en cuenta todo esto, *paciencia y presencia* son las dos cualidades principales de un psicobioterapeuta.

INTRODUCCIÓN A LA TERAPIA

Escucha activa / Atención flotante

Como seres humanos, pasamos mucho tiempo oyendo cantidad de cosas sin escucharlas realmente. ¿Cómo aprender a escuchar?

La escucha activa se caracteriza por distintos elementos:

- No estoy frente al paciente, sino ligeramente fuera de su campo visual.

• Estoy atento a lo que él es en su cuerpo, sin juicios, sin interpretaciones.

• Le hago preguntas abiertas: «¿Cómo se siente hoy?» o «¿Sobre qué le gustaría trabajar?» o «¿Qué síntomas tiene?»... Estas preguntas abiertas permiten entablar el diálogo.

• También puedo hacerle preguntas cerradas para ayudarlo a que se focalice en un elemento de su historia: una pregunta tipo «¿Me está hablando de su tío?» exige, forzosamente, un «sí» o un «no» como respuesta. «Ahora mismo, ¿siente algo preciso en su cuerpo?»...

• Reformulo regularmente sus respuestas a fin:

— de sintetizar lo que ha dicho;
— para asegurarme de que he entendido bien lo que me está explicando;
— para que tome conciencia de su proceso interno;
— para darle seguridad.

• Escucho lo que me dice y también observo los movimientos de su cuerpo y de sus ojos:

— Si está mirando todo lo que lo rodea, es probable que su atención esté dispersa; no accede a su resentido.
— Si está como petrificado en su silla, tal vez sea por miedo a estar haciéndolo mal.
— Si está centrado en él, accede a sus informaciones.

• En la escucha activa, observo si hay coherencia entre lo que el paciente dice y lo que expresa con su cuerpo.

— Un *yo era muy feliz* expresado en un tono monocorde no indica la emoción esperada.

— Lo mismo se puede decir de un *estaba furioso* expresado entre lágrimas.

Esto indica una diferencia entre lo que el paciente siente de verdad y lo que expresa. Si esta diferencia es significativa, comprendo que su historia está estructurada alrededor de cosas no dichas y de la no expresión de las emociones (véase «emociones primarias y secundarias»).

La atención flotante es, para el terapeuta, escuchar, ver y luego dejarse invadir por todas esas impresiones internas. ¿Me estoy aburriendo? ¿Me interesa lo que dice? Muy a menudo, paciente y terapeuta se comunican de inconsciente a inconsciente. Gracias a esta atención flotante, el terapeuta accede a la parte sumergida del iceberg. Comentar demasiado este aspecto de la terapia es delicado, pues también es una puerta abierta a nuestras propias proyecciones como terapeutas.

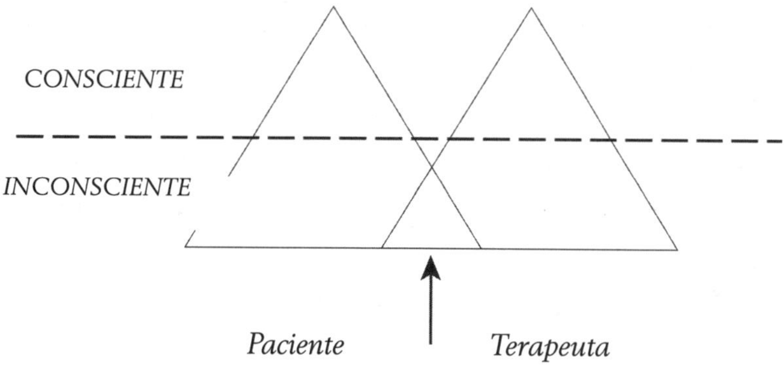

Conexión inconsciente

Esquema: Consciente/Inconsciente

APRENDIZAJE DE UN PROTOCOLO

Para el paciente y para el terapeuta:

El ejercicio está a mi servicio.
Me lo apropio a mi manera.
Este ejercicio me conduce hacia mí.

Sé por experiencia que no es fácil pasar de la teoría a la práctica. Para ayudarte en el camino de adquirir esa experiencia, he aquí algunas normas:

— Lee una o dos veces el protocolo entero y asegúrate de entender bien su lógica interna.
— Empieza por los protocolos de «Feliz» para familiarizarte con tu inconsciente.
— Sigue con los protocolos fáciles (hamaca), a fin de aumentar tu confianza en ti mismo.
— No dudes en repetir varias veces el mismo protocolo hasta apropiártelo por completo. Cuando lo hayas hecho totalmente tuyo, tal vez modifiques algunas etapas para que realmente se corresponda contigo.
— Siguiendo con el punto precedente, puedes reescribir el protocolo con tus propias palabras y tus esquemas personales (sobre todo si eres terapeuta).
— Por definición, un protocolo no puede hacerte daño. Sin embargo, puede sacar a la luz un conflicto doloroso o al menos triste. Acepta simplemente atravesar o ayudar a atravesar este resentido con confianza. Relee las etapas del resentido.
— Si un protocolo te genera mayor malestar que bienestar, contacta con un terapeuta experimentado para que te ayude, o bien cambia de protocolo.

— Tómate tu tiempo entre dos protocolos. Dedícate a otras cosas, sal completamente de lo que acabas de hacer. Da largos paseos. Esta fase, llamada de integración, es tan importante como la que atañe al protocolo mismo.

— Terapeuta, adopta o no el tuteo en función de la persona con la que estés.

— Prepárate concienzudamente antes de practicar un protocolo. Para ello debes definir claramente un objetivo de sesión. Puedes utilizar el protocolo mismo con su «definición de objetivos». Los cuestionarios que aparecen al comienzo de los capítulos te permitirán igualmente definir con precisión el problema que debes tratar. Al principio de cada protocolo hay una ficha resumen que te facilitará las informaciones útiles y su nivel de dificultad.

— No dudes en escribir tus observaciones o tus impresiones tras haber experimentado un protocolo, ya sea como «terapeuta» o como «paciente».

— ¡Asómbrate!

Fichas de presentación de los protocolos

Al comienzo de cada protocolo encontrarás una presentación del mismo con los siguientes parámetros:

- ▶ Nivel de dificultad
- ▶ Índole
- ▶ Indicaciones
- ▶ Contraindicaciones
- ▶ Condiciones de realización
- ▶ Tiempo necesario
- ▶ Materiales

Nivel de dificultad

Como su nombre indica, te permite saber qué «nivel de conciencia» necesitas para empezar ese protocolo. En efecto, algunas personas están poco familiarizadas con el camino interior —tienen poca conciencia de sus pensamientos y emociones—, mientras que otras disfrutan de una gran familiaridad con su vida interior.

1. *Hamaca*
   Muy fácil. No exige ninguna experiencia en terapia. Puedes hacerlo por tu cuenta. De hecho, el protocolo es de por sí un acompañante virtual.
2. *Sillón*
   Fácil con un poco de experiencia en terapia. Para que resulte más cómodo, es aconsejable hacer estos protocolos con alguien.
3. *Taburete*
   Más difíciles. Estos protocolos pueden hacer emerger unos resentidos conflictivos. Requieren, por tanto, tener cierta experiencia en la terapia y estar acompañado.
4. *Cama de clavos*
   Son, con mucho, los protocolos más delicados a la hora de utilizarse. Se impone tener una verdadera y constante experiencia de la terapia —recibida o impartida—. Hay pocos casos en este primer volumen.

Estas indicaciones son relativas y cada persona puede percibir de forma distinta los niveles de dificultad. La afinidad personal que podemos tener con cierto tipo de protocolos y la costumbre de viajar por tus resentidos, o de guiar el viaje de un paciente por su resentido, hacen fluctuar las percepciones de dificultad.

Normas

Son válidas para la mayoría de los protocolos.

1.ª norma. Al empezar, el terapeuta, el acompañador o el guía pronuncia unas palabras al oído derecho del sujeto; luego repite las mismas palabras, en el mismo tono, en el oído izquierdo. Luego el guía pregunta si hay alguna diferencia en las vivencias. Si es el caso, si un lado le resulta más agradable, el intercambio continuará en ese lado por ser más grato para el paciente.

2.ª norma. El tiempo verbal del presente es el de la experiencia más emocional, aunque se trate de un recuerdo muy antiguo, o de un proyecto. El hecho de hablar en presente, incluso en presente progresivo, como en este caso: «Estoy viendo o escuchando tal cosa o tal otra», permite una mayor intensificación de la emoción. El acompañador puede, por tanto, repetir, reformular las palabras del sujeto utilizando el presente progresivo, incluso si este último utilizaba el pasado.

Ejemplo:

A: «Yo paseaba con mi madre por la playa».

B: «Estás paseando con tu madre por la playa, ¿no es así?».

3.ª norma. Hay que buscar la intensidad de la experiencia sin cesar, y, durante un recuerdo agradable, es importante encontrar siempre un instante concreto, preciso, tanto en el espacio como en el tiempo: tal día a tal hora en tal sitio.

Ejemplo: «El 11 de enero a las 10 y 32 minutos de la mañana en el andén 7 de la estación de Mantes-la-Jolie, la estaba viendo por primera vez y sentía...

—Y estás sintiendo... —reformula el terapeuta.

4.ª norma. Las etapas de los protocolos están pensadas para ayudar al guía o al terapeuta. A menudo tendrá que reformularlas con sus propias palabras.

La selección del GIGANTE de los protocolos

Gracias a **Feliz** te alegrará descubrir o redescubrir:

— que en tu vida también hay momentos agradables y de bienestar,
— que tu inconsciente biológico está ahí para ayudarte a crecer.

Gracias a **Dormilón** te sumergirás en un viaje interior:

— mediante la relajación,
— mediante la visualización,
— mediante tus percepciones orgánicas, simbólicas o imaginarias,
— mediante tus encuentros subjetivos…

Gracias a **Mocoso** desbloquearás:

— tus alergias,
— algunos conflictos específicos,
— el diálogo con tus órganos.

Gracias a **Tímido** te librarás:

— de tus relaciones difíciles,
— de tus inhibiciones emocionales.

Gracias a **Gruñón** resolverás:

— historias y situaciones complicadas,
— dolores y malestares.

Gracias a **Mudito** te entrenarás:

— para ser más consciente de ti mismo/a y de tu cuerpo,
— para desarrollar nuevas percepciones.

Gracias al **Príncipe Azul** establecerás un vínculo tanto con tu lado masculino como con tu lado femenino.

Gracias a **Blancanieves** permanecerás presente en ti mismo.

En los diferentes protocolos que vas a experimentar, podrás dejarte guiar:

— por tu intuición,

— por el título del protocolo,

— por el nivel de dificultad,

— por la categoría (recurso/Feliz; relajación/Dormilón; problema físico/Mocoso; problema emocional/Tímido; comportamental, social/Gruñón; camino iniciático/Mudito; educativo/Prof; vida de pareja/ Príncipe Azul),

– por el nivel de dificultad,

– por tu experiencia.

Hemos observado, en efecto, que algunas personas solucionan más fácilmente sus problemas mediante, por ejemplo, la visualización, mientras que otras prefieren la relajación, etc.

Adquiere experiencia y después, solo después, extrae aquellas conclusiones que te atañan.

Introducción a los cuestionarios

Al comienzo de cada capítulo, un cuestionario te permitirá encontrar pistas de trabajo personales, relacionales, orgánicas, emocionales o comportamentales. En cuanto a los protocolos de los últimos dos capítulos, te acompañarán hacia una mayor sabiduría interior.

El objetivo de los cuestionarios es ayudarte a modificar, mejorar o cambiar algunos elementos, en ti y fuera de ti, que te resultan indeseables.

¡Estos cuestionarios te permitirán encontrar pistas de trabajo personales y de sabiduría interior!

Anota todas tus respuestas en tu diario de a bordo. Las utilizarás en el protocolo que elijas.

PROTOCOLO DE PREPARACIÓN PARA UNA SESIÓN

El objetivo de estos protocolos es ayudarte a modificar, mejorar o cambiar elementos que consideras indeseables, en ti o fuera de ti.

Para poder modificar algunos elementos en el interior de uno mismo, lo primero es saber de qué elementos se trata... Las indicaciones mencionadas a continuación están ahí para ayudarte en ese sentido. A menudo es más fácil observar lo que anda mal en el otro que ser plenamente consciente de lo que ocurre en uno mismo. Estos cuestionarios te ayudarán a verte con más claridad. Tu honradez solo depende de ti.

— Considera una sesión como un momento privilegiado contigo mismo. Cuando vas a la consulta de un dentista no le dices: «Volveré si tengo tiempo». Se espera de ti cierta disciplina con las citas. Por tanto, debes tener esa misma exigencia con las sesiones.

— Así pues, fija una cita contigo mismo.

— Asegúrate de que no serás molestado: activa el contestador automático y aíslate.

— Siempre debes tener a mano papel, dos bolígrafos, lápices de colores y una carpeta.

— Determina un tiempo de disponibilidad (máximo, una hora). Durante ese tiempo, debes estar seguro de que nada ni nadie te molestará.

— Determina un objetivo de sesión. Asegúrate de que las palabras que utilizas para describir este objetivo están suficientemente en consonancia contigo mismo, en el interior de tu cuerpo. El objetivo debe interesarte y conmoverte.

Nota: Según la naturaleza del protocolo, en la sesión pueden incluirse otros accesorios. Sin embargo, la base siempre será la misma.

También puedes grabar las etapas para que, más adelante, solo tengas que escuchar tu voz.

Aconsejamos iniciar tu exploración interior con un evento agradable, y luego, en función del objetivo, podrás utilizar este libro para identificar y revivir un evento desagradable. Todo ello con el propósito de transformar la incomodidad que te produce. En efecto, para liberarse de la emoción negativa asociada con un evento, hay que contactar de nuevo con él una última vez.

Aquí tienes nuestro primer protocolo, útil antes de cualquier otro ejercicio de este libro.

Protocolo Prof n.º 1
Definir un objetivo

«¿Cuál es mi objetivo? ¿Qué es lo importante para mí?».

El objetivo es el motor de la terapia.

¿Dónde está?

El objetivo está en el paciente; por tanto, la relación terapéutica puede compararse con un alumno que aprende a conducir en una autoescuela.

¡El objetivo está en el exterior! Ejemplos: el señor X acude a la consulta a petición de su mujer. El adolescente Y se somete a la terapia a petición de la Justicia o del centro escolar. El objetivo del terapeuta Y es que todos sus pacientes se curen siguiendo únicamente sus pautas.

En todos estos casos, la relación terapéutica se parecerá a un paciente que está sentado en un carruaje, en una carroza o en una carreta tirada por caballos o bueyes sudorosos.

Las características de un objetivo son:

1. Es específico, preciso, está bien definido.
2. Está contextualizado.
3. Es realista.
4. Es concreto. Alcanzar un objetivo es posible si el cerebro puede hacer una representación concreta del mismo. Entonces el inconsciente sabe qué dirección tomar.
5. Está formulado en términos positivos.
6. Solo concierne al sujeto; es personal.
7. Es ecológico; es decir, alcanzar el objetivo no supone ningún inconveniente ni para la persona ni para nadie más, mientras que preservar el problema no representa ninguna ventaja.

8. Es atrayente, es decir, pone a la persona en una posición activa.
9. Es reconocible por los otros.

Antes de alcanzar el gran objetivo, puede haber subobjetivos, etapas.

Si uno de estos nueve puntos es imposible, hay que redefinir el objetivo teniendo en cuenta esa dificultad, reciclándola.

En el apartado «Feliz» encontrarás un complemento práctico de este protocolo.

Protocolo Prof n.º 2
El diario de a bordo

«Todo viaje, por muy largo que sea, empieza con un primer paso». (Proverbio chino)

Vamos a viajar juntos… Prepara tu diario de a bordo…

Este libro es un viaje al centro de ti mismo. Los numerosos protocolos aquí propuestos te permitirán ir más lejos en tu propia comprehensión. Te recomiendo que lleves contigo un mapa de carreteras: este libro será ese mapa.

Todos los grandes exploradores consignan su viaje por escrito en un diario de a bordo. Es un cuaderno en el que detallarás todos tus trayectos, tus miedos, tus dudas, tus descubrimientos y tus avances. Las páginas de este libro están jalonadas de cuestionarios que te ayudarán en tu trayecto.

Tu diario será tu hilo conductor y te ayudará a viajar de una sesión a otra. También te permitirá afinar tu pensamiento, tu resentido, tu vivencia a lo largo de toda tu marcha. No intentes construir hermosas frases; esto no es un ejercicio de estilo. Utiliza únicamente el lenguaje de tu corazón. Por último, guarda este diario en un lugar secreto…

Protocolo Prof n.º 3
Lo que no hay que hacer después de un gran shock

Lo que viene a continuación puede parecerte evidente, pero prefiero repetirlo. Además de lo que no hay que hacer se incluyen también algunas recomendaciones útiles:

• No hablar de ello. «No es nada, ya pasará».
Recomendación: expresarte sin límite alguno.

• Compensar el malestar trabajando denodadamente para así «no pensar en ello».
Recomendación: Sosegarte.

• Agotar tu organismo haciendo deporte hasta la extenuación. Decir «así me desfogo» sin darle realmente un sentido preciso a ese desfogarse, solo por miedo a «estar mal».
Recomendación: aceptar todas esas reacciones físicas, sean cuales fueren; escucharlas.

• Adoptar grandes resoluciones. En este tipo de situaciones no es muy aconsejable tomar decisiones, pues estarán bajo la influencia de la pasión. En vez de enfrentarte a tu malestar, añades dificultades suplementarias.
Recomendación: esperar a recuperar la calma interior para evitar el efecto cascada: un problema que crea un problema que crea un problema que crea...

• Dejar de ir al lugar donde sucedió el drama; considerarlo como un lugar maldito que hay que evitar a toda costa a fin de «nunca jamás revivir las mismas impresiones».

Recomendación: al contrario, el lugar encierra la memoria de todo lo que no te has atrevido a expresar. Debes ir a ese lugar y realizar el protocolo de urgencia (ver más adelante) allí mismo o en los alrededores.

• Distraerte para olvidar, ya que el objetivo inconsciente no es distraerte, sino más bien evitar todo malestar.

Recomendación: enfréntate al malestar y aplica los protocolos de urgencia.

• Dormir de forma artificial. Ese sueño, o la tendencia a tomar cualquier medicina para adormecerte, surge para evitarte ese resentido que, en el interior, te perturba.

Recomendación: cuidado con las drogas, con el alcohol, con las medicinas que crean simulaciones de alivio.

• Autodestrucción. «Me da igual todo, no me importa nada. Como cualquier cosa, bebo de todo». En resumen, intento olvidar, una vez más.

Recomendación: buscar el mensaje, lo que revela esta experiencia, la oportunidad de evolucionar que tal vez no vuelva a presentarse nunca más.

Protocolo Prof n.º 4
Cómo actuar ante un bio-shock
Protocolos de urgencia

¿Qué hacer en el momento de un shock?

Como ya debes tener muy claro, lo que no se expresa se imprime en la biología. Lo primero que hay que hacer en caso de un bio-shock desencadenante —o lo bastante fuerte como para programar una memoria— es EXPRESARTE a través de todos tus canales.

La escritura

Escribe todo lo que se te ocurra, todo lo que se te pase por la cabeza, todo lo que sientas. En este punto, no intentes seguir un protocolo demasiado preciso, porque la idea es purgarte, ¡¡vaciarte por medio de tus palabras!!

El dibujo

Deja que tu mano dibuje todas tus impresiones... Dibuja todo lo que ves en tu interior. Deja que tu inconsciente se exprese con imágenes, sin censurarlo.

El baile

Elige una música que te guste y baila. Mejor dicho, deja bailar a tu cuerpo sin coartarlo. Amplifica todos tus movimientos interiores.

El grito

Vete a un bosque... Deja que tu cuerpo grite tu desamparo sin miramientos, sin reprimirlo. En un momento de bio-shock, la liberación de la voz es primordial, pues, muy a menudo, ante un evento inesperado, ¡perdemos la voz!

Los encuentros

Llama a las personas con quien puedas hablar libremente y cuenta tu historia. Pero antes debes prevenirlas: «Necesito hablar; ¿estás dispuesta a escucharme?». Entonces expresa todo lo que se te pase por la cabeza. Tal vez necesites varios amigos/as para poder contar tu historia varias veces.

Ten presente que, en esta fase, todo lo que te permita expresar hacia el exterior lo que ocurre en tu interior te ayudará eficazmente.

¡Lo que está en el exterior ya no está en el interior!

Y si todo esto es imposible, respira profundamente muchas veces y muévete.

Protocolo Prof n.º 5
Trabajar tu resentido

Comprender mejor tu resentido.

¿Resentidos negativos o resentidos positivos?

La mayoría de los protocolos de Descodificación Biológica se apoyan en el resentido. Te será muy beneficioso estar a gusto con tus emociones, conocer el camino que conduce hacia la conciencia de tu resentido y de su expresión. Justamente por dicha razón, este protocolo está incluido aquí, antes de los protocolos terapéuticos.

Un resentido es un estado de ser interno diferente de las palabras que utilizamos para describirlo. Me acuerdo de un rato agradable que he pasado esta mañana, hace una semana o durante las fiestas de fin de año. A medida que accedo a esos recuerdos, me vienen a la memoria detalles exteriores (cuándo, quién, el color de las paredes, las personas a mi alrededor, el clima…). Hasta que el bienestar me invade… En este caso se trata de resentidos positivos. Recordarlos los amplifica.

Haz la experiencia…

Pero ahora me acuerdo de un conflicto reciente o de una discusión que he tenido. ¿Con quién fue? ¿Cuándo ocurrió? ¿Qué colores o qué personas había a mi alrededor? ¿Qué sucedió en mí?

¿Cuál es la palabra más adecuada, la más exacta para expresar lo que siento?

¿Cómo se manifiesta mi sensación de malestar? ¿Con un nudo en la garganta, con un dolor de estómago?

Si esa sensación tuviese una forma, ¿cuál sería?

Si esa sensación tuviese una densidad, ¿cuál sería?

Si esa sensación tuviese un color, ¿cuál sería?

Y luego, hacer el protocolo que viene a continuación, cuyo título es: «Viaje por un resentido».

¿Qué ocurre entonces?

A menudo el malestar aumenta provisionalmente; luego disminuye y se interrumpe. El bienestar, o al menos la calma, se impone.

Por desgracia, nuestra tendencia «natural» es la de interrumpirlo todo en el momento en que el malestar aumenta... Como en este caso se trata de un resentido negativo, solo podemos modificarlo o eliminarlo si entramos en contacto con él.

Por tanto, el resentido positivo se conserva y se valora, mientras que el resentido negativo se desvanece.

Hablar de una experiencia positiva la duplica.
Hablar de una experiencia negativa la divide por dos
y por dos y por dos y por dos...

Protocolo Prof n.º 6
Viaje por un resentido

En este viaje, por lo general, pasamos por cinco etapas:

1.ª etapa: Aparición y localización del resentido

«Hay algo que me desazona. No sé muy bien de qué se trata. Lo único que sé es que me desazona». Mientras te limitas a decir que algo te desazona, aún no estás en la 1.ª fase. Esta fase se completa cuando realmente puedes identificar lo que ocurre en tu interior. Si estoy sumido en la tristeza, es una emoción. Puedo decir: «Me siento triste». Pero para que de verdad puedas acceder a la emergencia del resentido, debes ser capaz de responder esta pregunta: «¿En qué consiste ese estar triste en mi interior?».

2.ª etapa: Desarrollo el resentido y me asocio con él

En cierta forma, le doy un alma a ese resentido. Es decir, que voy a sumergirme, voy a percibir ese resentido a través de todo mi cuerpo. Un ser espiritual dijo un día: «No estés triste como un hombre; debes estar triste como un Buda». La tristeza de un Buda es que él acepta la emoción a través de la totalidad de su cuerpo.

La respiración

Lo que permite la inmersión y la amplificación es, por una parte, relajarse, y por la otra, respirar. La principal posibilidad para amplificar tu resentido es la respiración. La respiración profunda en tus sensaciones ayuda al desarrollo del resentido. Si la respiración no es consciente, es más difícil hacer emerger los resentidos.

3.ª etapa: Observo las modificaciones de mi resentido segundo a segundo

El cerebro no puede cambiar lo que es general, solo puede cambiar lo que es específico. Entonces puede tomar una decisión respecto al futuro y abrirse más. Pero si estás trabajando en un resentido, hay que trabajarlo siempre en el aquí y el ahora, observando hasta la más nimia de sus modificaciones. Así es como vamos a empezar a darle un sentido.

4.ª etapa: La toma de conciencia

Al darle un sentido se produce la toma de conciencia. La toma de conciencia es el sentido que le damos y el vínculo que establecemos entre este resentido de aquí y ahora y el origen de ese resentido.

5.ª etapa: El «soltar presa», la relajación, la vagotonía

Consecutivamente a la toma de conciencia, vivimos un proceso muy agradable de bienestar y de soltar presa. Vamos a poder soltar el lastre correspondiente a ese resentido y así permitirle a su biología que la energía circule de forma más amplia.

A veces esto resulta sencillo, inmediato, pero a veces es muy difícil y hasta casi parece imposible. Entonces, ¿qué marca la diferencia? Es la toma de conciencia. Pero no puede ser una toma de conciencia cualquiera; debe tratarse de una toma de conciencia del evento pertinente, de la creencia pertinente, del resentido pertinente. Pertinente en el sentido de «ligado al síntoma». Cada uno de nosotros tiene una historia emocional muy rica. Pero, por descontado, cada uno de nuestros síntomas solo está vinculado a una parte de nuestra historia. Y es ese vínculo el que los protocolos y la terapia van a poner en evidencia. Esa toma de conciencia precisa, y la emoción que genera, es lo que nos permite sanar. Es el «Intelisentir»: comprender con emoción, resentir con inteligencia.

Protocolo Prof n.º 7
Los cinco dominios principales de expresión de tu resentido

Podemos explorar nuestros resentidos en cinco dominios principales. A estos dominios se les llama biológicos porque, para sobrevivir, nuestra identidad debe estar ligada con:

Uno mismo

Nuestra primera identidad empieza con el nacimiento. Recibo un nombre, comienzo mi proceso de maduración. El resentido me permite dirigir mejor mi desarrollo personal.

La pareja

Según tú, ¿por qué la pareja es un programa biológico absoluto? En primer lugar, por la reproducción; pero en el ámbito personal, ¿qué hace que sea un programa de supervivencia?

La concepción implica una pareja. Nuestra propia existencia, nuestra propia creación, proviene de una relación sexual fecunda. Por tanto, no tenemos elección. Amemos o no a nuestros padres, forzosamente hay en nosotros un programa biológico que nos conduce a una relación de pareja. Y en ella, un nuevo resentido, un nuevo programa: somos dos los que vamos a resentir y a intercambiar.

La familia

¿A partir de qué momento empieza una familia? Con el nacimiento del primer hijo. Es un nuevo programa biológico. El niño, con la dinámica de su vida, va a permitir exteriorizar el inconsciente familiar y enriquecer sus resentidos.

El dominio profesional

Este dominio permite ir en busca de los bienes imprescindibles para mantener a la familia. Pero también es un programa importante porque supone la recolección de informaciones provenientes del exterior: «Voy a buscar nuevos conocimientos para llevarlos al interior de mi clan».

El dominio social

Es un conjunto de familias. Al vivir todos «juntos» nuestras necesidades estarán mejor cubiertas y nuestra seguridad se verá reforzada... «Debo moverme en un nuevo ambiente y encontrar mi lugar en él».

Todos estos dominios, en los que cada uno tenemos nuestro lugar, son extensiones de nuestra biología. Un trabajo de prevención consiste en preguntarse qué puesto ocupamos en tal o cual dominio: «¿Estoy satisfecho o puedo hacer algo para ir más lejos en la percepción de los recursos en estos dominios?».

Protocolo Prof n.º 8
Protocolo de final de sesión

Cada vez que termines un protocolo, una sesión, un trabajo en ti, haz una pausa, tómate un tiempo. No te lances de inmediato y sin reflexión a nuevas actividades.

Recapitula lo que acabas de vivir:

— ¿Qué has descubierto?
— ¿Sobre ti mismo?
— ¿Sobre los otros?
— ¿Sobre tu pasado?
— ¿Qué creencia inconsciente ha emergido?
— ¿A qué tomas de conciencia has accedido?
— ¿Qué nueva posibilidades se abren ante ti?
— ¿Qué nuevas decisiones va a permitirte esto?
— ¿Cómo te sientes?
— ¿Qué diferencias notables encuentras respecto al comienzo de la sesión?
— ¿Cuál puede ser el nuevo objetivo que deberás trabajar la próxima vez?
— ¿Cuál es la principal conclusión que sacas?
— ¿Qué compromiso adoptas?, ¿cómo manifestarás todo esto?

Escribe tus respuestas en el diario de a bordo.

Epílogo

Blancanieves cierra el libro. Está decidida y, ahora con conocimiento de causa, acepta la aventura con energía y confianza. Se siente segura, libre y respetada. Sabe que podría interrumpir la terapia si así lo decidiera.

Acude una última vez al consultorio de Prof. Saluda a este hombre cargado de experiencia. Algo se ha iluminado en ella. Sin haber trabajado todavía en su historia, en sus conflictos, sabe que hay una solución a sus problemas, y eso hace que se sienta bien. Sabe que lo que la atormenta es algo comprensible, algo que los profesionales conocen, y eso la tranquiliza. Es como si su inconsciente fuera un conjunto de territorios como los que, antiguamente, exploraban algunos valientes pioneros: inquietantes la primera vez que te internas en ellos y luego familiares, cartografiados. Ella había podido hacer preguntas y ser escuchada; incluso había empezado a proyectarse en el futuro, lo que llevaba tiempo sin hacer, y eso para ella es motivo de sosiego.

Se ha dado cuenta de que su miedo a salir a la calle podía ser verbalizado, que había sentido emociones y que puede aprender a nombrarlas, a decirlas, a librarse de ellas.

Que esta historia está ligada a otro evento, tal vez al evento en la clase.

Que ella misma está ligada a otra historia..., y así hasta la primera historia.

Que ella es responsable de lo que siente, de su sufrimiento y también de su curación.

Que pueden ayudarla a ser autónoma.

Y ahora, recordar a su profesor gritándole «¿Es que voy a tener que abrirte la cabeza para meterte las ecuaciones?» tiene un cariz menos dramático, casi ridículo.

Así que, por todas estas razones, Blancanieves cambia de planta y sube las escaleras esa mañana, el día de su cita mensual, y lee en la nueva puerta:

«FELIZ» terapeuta orientado hacia las soluciones activas y potenciales que encierra tu inconsciente».

Llama al timbre dos veces, como se especifica en una placa fijada a la derecha de la puerta. «¡Ring! ¡Ring!». Un hombre maduro, de sonrisa acogedora, abre la puerta.

—¡Bienvenida a tu casa!

—Gracias. Tengo curiosidad: ¿por qué hay que llamar al timbre dos veces?

—La primera vez, el que llama es tu consciente; la segunda, tu inconsciente. Si solo llama uno de los dos, tal vez el otro no esté listo o no esté de acuerdo.

—¡Interesante! ¿Qué vamos a hacer?

Notas personales:

Segunda parte

FELIZ

Prólogo

Feliz, el terapeuta, invita a Blancanieves a sentarse en una amplia butaca rodeada de pufs tornasolados, canapés perfumados y alfombras agradables a la vista y al tacto. En el suelo, una abigarrada multitud de objetos coloridos, muñecas de trapo y animales de plástico yacen en reposo. Blancanieves tiene la sensación de que justo acaba de interrumpirse un juego divertido. En las paredes, dibujos de niños y un cuadro blanco.

—Su consulta parece la habitación de un niño... No da impresión de seriedad —afirma Blancanieves.

—A veces la terapia se parece a un juego en el que hacemos como si tuviésemos un problema, para después ¡tener el placer de descubrir un montón de cosas apasionantes!

Y Blanca va a descubrir nuevos paisajes, una senda excavada en ese aire invisible pero fragante que le permite a las abejas encontrar su camino, un camino como el que trazan los pájaros, libres y ligeros.

Muy pronto estará explorando una nueva forma de ser ella misma, pues siembra gemas y joyas. Por último, a fin de hacer brotar y fructificar con más fuerza y altura todo este recorrido, decide escribir cada una de sus experiencias. Y esto es lo que vamos a leer ahora en este capítulo, «Feliz», llamado así por su nuevo guía.

CUESTIONARIO: «¿QUÉ APRECIÁIS EN MÍ?»

Este primer cuestionario es una forma agradable de conocerse, pues será a través de los ojos de los que nos rodean; estos nos conocen mejor de lo que nos conocemos y aprecian en nosotros lo que, por desgracia, se menciona muy pocas veces: nuestras cualidades. Tomar conciencia y tenerlas presentes en nuestro espíritu es estimulante para nuestra creatividad y nos prepara para encontrar nuestros espacios interiores dolientes.

1. Interroga a las personas de tu entorno y pregúntales cuáles son los comportamientos que más te caracterizan:

— disponible
— tranquilo
— franco
— sensible
— paciente
— abierto
— decidido
— a la escucha
— indulgente

— valiente
— ordenado
— solícito
— generoso
— protector
— …

2. Elige una de estas cualidades que te otorgan y revístete con ella, igual que si te estuvieras probando un traje; siéntela con cada parte de tu cuerpo. Encuentra la zona corporal en la que resulta más agradable. Luego imagínate a ti mismo en diferentes situaciones conocidas con ese traje y esa sensación.

3. Ahora pregúntate a ti mismo qué aprecias más en los otros, utilizando la misma lista…

4. ¿Qué persona de tu entorno posee una cualidad que realmente te gustaría resentir en ti? ¿De qué cualidad se trata? Revístete con ella igual que si te estuvieras probando un traje; siéntela con cada parte de tu cuerpo. Encuentra la zona corporal en la que resulta más agradable. Luego imagínate a ti mismo en diferentes situaciones conocidas con ese traje y esa sensación.

Protocolo Feliz n.º 1
Dinamizar un objetivo

- Nivel de dificultad: sillón.
- Índole: verbal, línea de tiempo.
- Indicaciones: al comienzo de la sesión.
- Contraindicaciones: ninguna.
- Objetivo: aprender a definir un objetivo y, luego, el objetivo del objetivo, y comprobar si es realizable.
- Condiciones de realización: con un terapeuta.
- Tiempo necesario: entre 30 minutos y, a veces, varias horas.
- Materiales: ninguno.

Introducción

Este protocolo es la continuación del que has leído en la consulta de Prof (página 114). ¡Nunca nos ponemos en camino sin saber adónde vamos ni por qué vamos a ese lugar en concreto! Es fundamental empezar todo trabajo sobre uno mismo con una definición de tu objetivo de sesión.

Puede ser muy provechoso para ti definir tres objetivos: uno a un año vista, otro a tres años vista y otro a cinco años vista.

ETAPAS DEL PROTOCOLO

1. Escribir en tu diario de a bordo las respuestas a las siguientes preguntas: «¿Cuál es mi objetivo? ¿Qué es lo importante para mí?».

2. Definir un objetivo. Imaginar que has alcanzado ese objetivo. Visualizarlo: ¿dónde, cuándo...?

3. Dar un paso más a fin de entrar en ese objetivo alcanzado e impregnarse de las sensaciones ligadas a este objetivo. ¿Cuál es el resentido, cuál es la postura corporal, cuáles son los pensamientos asociados a esta experiencia?

¿Qué es lo más importante que este objetivo te permite alcanzar? Visualizarlo.

Dar un paso más impregnándose de las sensaciones ligadas a este objetivo. ¿Cuál es el resentido, cuál es la postura, cuáles son los pensamientos asociados a esta experiencia de haber alcanzado .... (nombra aquí el objetivo definido) y qué otro objetivo permite alcanzar? Visualizarlo.

Dar un paso más impregnándose de las sensaciones. ¿Cuál es el resentido, cuál es la postura, cuáles son los pensamientos asociados a esta experiencia? Ir paso a paso hasta el límite de la experiencia.

Por ejemplo:

1.er objetivo:	Quiero ganar dinero.
2.º objetivo:	—Si alcanzas este objetivo, ¿qué te permitirá? Un paso más.
	—¡Viajar!
3.er objetivo:	—Si viajas, ¿qué lograrás?
	—Ver a mi padre.
4.º objetivo:	—Si ves a tu padre, etc.

El terapeuta hace repetir las etapas nombrando los resentidos, las palabras que la persona ha expresado. Hablar en presente.

Le propone a la persona que reviva todas las etapas en presente. Esta expresa lo que siente. Evoca un nuevo objetivo. Lo posiciona en el espacio y entra en ese espacio.

Eso que sientes, si fuese un color, ¿qué color sería?

Si fuese un paisaje, ¿qué paisaje sería?

Si fuese un animal, ¿qué animal sería?
Si fuese un gesto, ¿qué gesto sería?
Si fuese una palabra, ¿qué palabra sería?
Estas respuestas permiten crear recursos que serán útiles en el futuro.

Eventualmente, pedirle a la persona que vuelva sobre su pasado: «¿Qué deseas expresar?». Exprésalo.

Protocolo Feliz n.º 2
Encontrar y detallar un resentido agradable

- Nivel de dificultad: sillón.
- Objetivo: encontrar, y más concretamente en nuestros recuerdos positivos, el resentido interior ligado a un evento.
- Indicaciones:
  1) para las personas excesivamente intelectuales
  2) antes de abordar emociones desagradables
  3) facilitar el contacto con tu inconsciente.
- Condiciones de realización: dos personas.
- Tiempo necesario: al menos 20 minutos.
- Material necesario: estar cómodamente instalado.

Introducción

El objetivo de este ejercicio es aprender a identificar en las palabras del otro lo que pertenece al campo del resentido. Se trata de desentrañar ese resentido.

Hacemos este ejercicio sobre un evento agradable, positivo. Por ejemplo: «Estaba de vacaciones en tal sitio y ocurrió tal evento». Es muy conveniente empezar a practicar este ejercicio con otra persona para, más adelante, poder utilizarlo solo.

Hay dos personas: A y B.

A narra un evento agradable. B dialoga, hace preguntas, escucha hasta alcanzar el resentido.

Cuando el sujeto está en el resentido, muy a menudo le faltan las palabras y solo vive una pura sensación interna. Si está recordando el rato que pasó en un barco, primero puede percibir los movimientos del barco en su cuerpo, la sensación del viento en su rostro. Luego, la pura sensación interna, como si tuviese una cámara en el interior de su cuerpo que pudiese mostrar lo que ocurre en tal o cual parte. Al principio, no son palabras, ni impresiones, ni juicios. Ante todo es una sensación pura. Cuando percibo el viento en la cara mientras estoy en el barco, siento una sensación de dilatación en el interior de mi caja torácica. El resentido que voy a identificar y luego a formular progresivamente es: «Júbilo, felicidad; me siento libre».

Como persona a la escucha, o bien como terapeuta en Descodificación Biológica de las Enfermedades, es fundamental diferenciar entre evento, sensación, emoción y resentido, a fin de guiar al paciente hasta el interior de ese resentido.

Experiencias de referencia

Estos son algunos ejemplos de experiencias con los que podrás hacer este protocolo:

— un momento reciente
— un momento antiguo
— durante mi infancia
— una experiencia en el trabajo
— en familia
— con amigos
— en movimiento
— inmóvil
— etc.

Y todos estos eventos son agradables.

ETAPAS DEL PROTOCOLO

1. El sujeto, A, encuentra una experiencia positiva, agradable.

2. Durante esta experiencia, A encuentra el momento más intenso, el más específicamente positivo. Si hay varios, escoger uno solo.

3. Comprobar que A está realmente asociado con el evento. Esto quiere decir que lo vive desde el interior y no que se observa como si se viera en una pantalla de cine.

Es muy importante estar en la experiencia: ver de nuevo lo que vimos, escuchar lo que escuchamos y, por tanto, resentir lo que sentimos en aquel momento. En consecuencia, el sujeto debe expresarse espontáneamente en presente y en primera persona. Por ejemplo: «***Estoy viendo de nuevo*** a tal individuo y escuchando a tal otro».

4. El terapeuta, B, puede reformular diciendo:

—Y mientras estás viendo a X y escuchando a Y, tal vez con tal aroma llegando hasta ti, o con tal sabor, ¿qué ocurre exactamente en tu interior ahora mismo?

»¿En qué parte de tu cuerpo ocurre? ¿A la derecha? ¿A la izquierda? ¿En el centro? ¿En el vientre? ¿En los hombros?

»Y esto ¿qué sensación o sensaciones te produce exactamente? ¿Es una sensación que te aprieta? ¿Es un vacío? ¿Es compacta? ¿Es en la superficie o en profundidad? ¿De qué tamaño?

»¿Qué sientes? ¿Cómo se llama este resentido?

Como ya se ha mencionado, es B quien debe velar por que el sujeto esté en la experiencia interior.

—Si concretases en una palabra, en un nombre, esta emoción, este resentido, esta experiencia, ¿qué palabra utilizarías? ¿Qué te viene a la cabeza? ¿Con qué contactas? ¿Qué sientes?

5. Test

Cuando A pronuncia ese término, esa palabra, ese calificativo de su experiencia interior que podemos llamar resentido, este se amplifica y, naturalmente, se percibe desde el exterior: cambia la postura del sujeto, la expresión que refleja su cara, la calidad de su respiración, que a menudo se vuelve más amplia y a veces viene acompañada de ruidos digestivos u otras expresiones que manifiestan que el sujeto está en una experiencia interna de transformación.

Protocolo Feliz n.º 3
Crear un espacio revitalizador

- Nivel de dificultad: hamaca.
- Índole: visualización, utilización del espacio.
- Indicación: acceder voluntariamente a un resentido revitalizador.
- Contraindicaciones: ninguna.
- Condiciones de realización: a solas o con otra persona.
- Materiales: ninguno.

Introducción

Nuestro cerebro es capaz de crear cantidad de cosas más o menos conscientes e inconscientes.

Demasiado a menudo, las terapias solo ponen el acento en el inconsciente y sus sufrimientos. Gracias a este protocolo, vas a entrenarte para crear resentidos positivos. Si una persona está, por ejemplo, siempre sumergida en lo negativo, este entrenamiento, basado en los resentidos positivos que le exigen perseverancia y asiduidad, será un trampolín para alcanzar grandes satisfacciones.

Etapas del protocolo

1. Hazte la siguiente pregunta: «En la naturaleza, ¿qué entorno sería el más revitalizador para mí?».

2. Ponte de pie, cierra los ojos e imagina que esculpes virtualmente ese lugar con tus manos. Sigue trabajando en la escultura hasta estar plenamente satisfecho/a.

3. Da un paso adelante y colócate en el centro de tu creación.

4. Deja que tu cuerpo se mueva hasta que sienta plenamente todo lo que has creado en el interior de ese paisaje. Siente las repercusiones de esa creación en tu cuerpo. Siéntete realmente libre de mover tu cuerpo. Cuando esa creación desaparezca, el resultado puede ser un sentimiento de paz y de vitalidad en ti.

5. Abre los ojos al tiempo que sigues en contacto con tu experiencia interior.

Testimonio

La existencia de la señora X es una lucha continua. Le propongo este protocolo y le sugiero que lo repita regularmente en su casa. Tras algún tiempo de práctica, la señora X expresa: «Por fin me siento en contacto conmigo misma, con mi cuerpo. Confío en lo que ocurre en mí».

Protocolo Feliz n.º 4
Guiar para crear

- Nivel de dificultad: hamaca.
- Indicación: mejorar tu confianza en ti mismo.
- Condiciones de realización: solo.
- Tiempo necesario: 15 minutos.
- Materiales: hojas blancas y lápices.

Introducción

La escritura es un poderoso factor para examinar un resentido. Tras un tiempo de aprendizaje, la costumbre y la soltura aparecerán rápidamente. Lo único que hace falta es empezar a entrenarse.

Con demasiada frecuencia tendemos a ver el vaso medio vacío en vez de medio lleno. A fuerza de vivir en nuestro conflicto, la tendencia casi siempre es a dramatizarlo. Hagamos una simple pausa y observemos lo que realmente amamos de la vida. Sobre todo esos pequeños detalles tan agradables…

Etapas del protocolo

1. Prepara unas hojas blancas, formato A4, por ejemplo. Las hojas rayadas o las cuadriculadas pueden recordarte tus fracasos escolares y, por tanto, inhibir tu proceso creativo.

2. Imagina que alguien amable se sienta a tu lado, muy cerca de ti, y que entonces se crea un clima de confianza y de seguridad.

3. Completa espontáneamente las siguientes frases:

«Soy feliz cuando…».
«Disfruto cuando…».
«Me gusta mi vida cuando…».

4. Me concedo la libertad de expresarme en mis hojas o en el teclado sin censurar nada, sin intentar escribir frases hermosas, sin preocuparme de la ortografía.

5. Luego dibujo lo que se me pasa por la cabeza, todo ello relacionado con mis respuestas.

6. Al terminar este protocolo, tomo conciencia de nuevas sensaciones agradables y las anoto.

Protocolo Feliz n.º 5
Un agradable paseo por tu historia

- Nivel de dificultad: sillón.
- Objetivo: permitirte un paseo por la historia de tu vida y descubrir cómo codificas lo agradable en ti; luego, intensificar esa sensación.
- Condición: al principio, dos personas; tras varias horas de experiencia compartida, será posible hacer el protocolo a solas.
- Tiempo necesario: prever unos 40 minutos.
- Materiales: lápices y hojas.

Introducción

Se trata de un modelo importante, pues le permitirá a la persona pasearse por su historia, ir en busca de eventos a veces poco agradables o, incluso, francamente negativos. El terapeuta es como un proyeccionista que va a ayudar al sujeto a visitar su historia y a trabajar en sus resentidos para liberar todos los que se acumularon a consecuencia de un shock o de un conflicto. A menudo, el sujeto ha retenido esa consternación, ese pasmo, en su interior, en el interior de sus tejidos, en el interior de su biología. Pero antes que nada, vamos a trabajar en los resentidos positivos para observar cómo una persona puede moverse en su resentido positivo.

Durante este ejercicio, vas a vivir una experiencia, vas a observar cómo surgen los resentidos. Basta únicamente con pedirlo para que los resentidos aparezcan, ya que, fundamentalmente, nuestro inconsciente es benévolo. Si le pedimos algo, él nos lo entrega muy amablemente, encantado de hacerlo. Podemos pedirle, bien momentos de resistencia y trabajar sobre esas resistencias (dificultades), bien momentos muy agradables y trabajar en resentidos muy agradables. Durante el tiempo que va a durar este ejercicio, te propongo que te concentres en resentidos positivos. Vas a viajar al interior de ti mismo y vas a permitir que emerjan los resentidos, sean los que fueren. En esta fase, es preferible tener los ojos cerrados. Vas a recordar momentos precisos. Sobre todo vas a dejar surgir unas impresiones y observar de qué forma surgen en tu interior. Recuerdos que datan de una hora o de hace veinte años han dejado múltiples informaciones en nuestro inconsciente.

ETAPAS DEL PROTOCOLO

1. Te relajas. Encuentras una postura agradable.

2. Observas el mundo exterior.

Al principio abres los ojos y observas las cosas del exterior. Observas detalles de esta habitación. Señalas un detalle en la habitación en el que tal vez nunca habías reparado. Puedes descubrir que, aunque lleves horas aquí, todavía hay detalles que se te escapan. Y si has decidido fijarte en detalles, los detalles terminan apareciendo. Con el inconsciente ocurre algo parecido. Si pedimos algo muy preciso, el inconsciente

nos dará momentos, sensaciones muy precisas. No te extrañes de lo que va a suceder durante este ejercicio. Es normal. Es una vía natural de la biología.

Ahora tus ojos pueden cerrarse.

3. Un rato agradable que pasaste hace algunas horas.

Te propongo que recuerdes un rato agradable que pasaste hace algunas horas. Y vas a señalar un detalle en tu resentido. Tienes los ojos cerrados. Y vas a concentrar tu atención muy especialmente en los **colores** de ese momento preciso. También puedes concentrar tu atención en los **olores** y los **sonidos**.

Escribe en una hoja de papel el aspecto positivo de tu experiencia.

4. Un rato agradable de hace un año.

Ahora recuerda un rato agradable que hayas vivido hace más o menos un año. Deja que venga a ti una experiencia, luego una sensación, un resentido. Te propongo que concentres muy especialmente tu presencia en tu **respiración** en ese momento. Vive lo que sucedió en ese momento.

Escribe en una hoja el aspecto positivo de tu experiencia.

5. Un rato agradable de hará unos diez años.

Recuerda un rato agradable que tuvo lugar unos diez años atrás.

Deja que venga a ti una sensación, un resentido. Y te propongo que concentres tu atención en tu **postura**.

Escribe en una hoja el aspecto positivo de tu experiencia.

6. Un rato agradable de hará unos veinte años.

Ahora recuerda un evento que tuvo lugar hace unos veinte años más o menos.

Puedes concentrar tu atención, especialmente, en un **movimiento**, en un gesto. Deja que el resentido venga a ti.

Escribe en una hoja el aspecto positivo de tu experiencia.

7. Y ahora, deja que vuelva a ti un recuerdo, una sensación, un resentido muy antiguo.

Y esta vez concentra tu atención en tu piel y en una **sensación** particular.

Escribe en una hoja el aspecto positivo de tu experiencia.

8. Coloca en el suelo estas seis hojas de papel.

Disponlas al capricho de tu intuición.

9. Ve de una a otra, a tu ritmo, en el orden que prefieras, pasando tantas veces y por tantas etapas como desees, hasta una nueva experiencia.

10. Observa.

¿Qué impresión se desprende de estos seis eventos?

Intensifica esta experiencia.

11. Completa la siguiente frase: «Cuando revivo mis sensaciones de placer…».

12. Permítete imaginar el placer y hermosas sensaciones futuras.

Protocolo Feliz n.º 6
Amplificación de tu conciencia sensorial

- Nivel de dificultad: hamaca.
- Indicaciones: pérdida o debilitamiento de la conciencia de los canales sensoriales no tan utilizados como otros.
- Objetivo: permitir, mediante un entrenamiento, desarrollar y amplificar nuestra conciencia sensorial del instante presente e intensificar una experiencia agradable.
- Condiciones de realización: bien solo, bien entre dos; la segunda persona leerá este texto para el sujeto enfatizándolo.
- Tiempo necesario: entre 30 minutos y mucho más tiempo.
- Materiales: lápices, hojas, música agradable, aromas agradables, imágenes, paisajes, sabores y cualquier otro tipo de estimulación sensorial placentera.

Introducción

Todo ser humano, según su historia personal, selecciona lo que le funciona y elimina lo que le funciona menos bien. La persona va a favorecer lo que le proporciona confort, placer o seguridad, y va a eliminar lo que le causa sufrimiento y frustración. Todo esto se construye partiendo de una o varias experiencias intensas, en función de su educación.

En todos los casos, estos criterios se forjan a partir de toda nuestra historia jalonada de rastros. Experiencia limitante tras experiencia limitante, nuestro campo de conciencia se reduce a lo que nos procura confort o seguridad. Y así ya no volvemos a cuestionar las creencias del pasado, esas experiencias respecto a las cuales carecíamos de recursos.

Nos puede resultar muy provechoso sacudirnos el polvo un buen día y cuestionar nuestros hábitos, nuestros automatismos. Antes de eso, por supuesto, ¡es indispensable ser consciente de nuestro inconsciente!

ETAPAS DEL PROTOCOLO

1. Punto opcional

«En una hoja, escribo un problema y mi impresión respecto a ese problema».

2. Preparación

Si te parece bien, empieza con los ojos abiertos, y también con los oídos atentos, la nariz, la boca y la piel. La respiración debe ser totalmente libre y despejada. No hay cabida para ninguna clase de apremio. Hemos tomado la precaución de vaciar nuestra vejiga y de beber o comer lo suficiente, y de estar reposados.

3. Ejercicios

Observa de forma global y panorámica lo que nos rodea y a lo que ya no le prestamos la misma atención que en el primer minuto del primer día de nuestra vida.

a) Visual

Puedes mirar libremente el lugar que te rodea y hacer una exploración de 360°: delante, detrás, a los lados y también arriba y abajo. Como si ver no fuese un acto pasivo, sino activo. Es tan agradable asombrarse; es como si descubrieses que cada centímetro cuadrado de la superficie que te rodea fuese una obra de arte perfecta. Puedes tomarte todo el tiempo que desees para detallar no solo los tonos de los colores, sino también los medios tonos, los contrastes, las formas, la luminosidad, el equilibrio de los volúmenes, la perspectiva, el relieve, los juegos de luces y sombras, el aspecto centelleante, mate o brillante; todo ello de la forma más objetiva posible. Para este ejercicio no resulta útil, e incluso puede ser prejudicial, imaginar, ver lo que no está, establecer vínculos a partir de lo que ves. Lo mejor es centrarse en la visión objetiva de lo que realmente se halla ante ti, igual que lo haría una cámara.

Pausa, larga pausa...

b) Auditivo

Pon toda tu presencia, toda tu conciencia en los ruidos, en los sonidos. Localiza con la mayor precisión posible la fuente de todos esos ruidos; detalla todas las subtonalidades: graves..., medias..., agudas...; el volumen..., la tesitura..., la frecuencia..., la amplitud. Es inútil, incluso nefasto, explorar lo que sientes al escuchar tal o cual sonido e imaginar lo que representa. ¿Es una cortadora de césped? ¿O una motocicleta? De momento, son preguntas inútiles. «Localizo el sonido que viene de arriba, de la derecha, más bien lejano, con un volumen fuerte y grave». Puedes girar sobre ti mismo a fin de que tu oído derecho capte el sonido y luego volver a girar sobre tu eje para que el izquierdo capte ese mismo sonido.

Pausa, larga pausa...

c) Olfativo

Tómate todo el tiempo que necesites para ser sensible a todos los olores delicados, las fragancias y los sutiles efluvios que vienen a hacerte cosquillas hasta el interior de tus fosas nasales. Pon tu presencia y tu conciencia sin necesidad de amplificar nada. Para ello, puede ser necesario que te acerques a una mesa de madera, a una planta, a la ropa de un amigo; y también deambular comparando la cocina, el cuarto de baño, el dormitorio, así como distintos espacios exteriores. Para este ejercicio, puedes alternar: ojos abiertos, ojos cerrados. Igualmente puedes alternar una ventana nasal y luego la otra.

Pausa, larga pausa...

d) Gustativo

Vas a disfrutar, si así lo deseas, probando distintos alimentos sólidos y líquidos con toda tu conciencia, para distinguir no solamente los cuatro sabores —dulce, salado, amargo y ácido—, sino también la textura y la diferencia entre lo que percibes en la punta de la lengua y lo que sientes en el fondo de la lengua o en sus bordes laterales.

Pausa, larga pausa...

e) Tacto

Entra en contacto con objetos de todo tipo, primero con las manos, variando las texturas y los materiales. Puedes coger el mismo objeto primero con la mano derecha y luego con la izquierda. Y deslizar algunos de estos objetos por tu cuerpo. Tu mano, tras haberlos tocado, puede posarlos en tus rodillas, en tu vientre, en tus hombros y en toda tu anatomía, como una caricia.

Pausa, larga pausa...

4. En uno mismo

Una vez terminada esta exploración de los cinco sentidos, puedes rehacer cada etapa de este protocolo: tumbado, con los ojos cerrados y la boca ligeramente entreabierta, revive todo esto, atento a tu resentido, pues tu espíritu se dirigirá hacia lo que te resultó más agradable y más confortable.

Pausa, larga pausa...

5. A continuación, vas a concentrarte y a realizar, sobre todo, lo que te resultó más difícil, a fin de rehacer específicamente la etapa de este ejercicio que más problemas te planteó. Se trata de desarrollar poco a poco ese sentido, de disfrutar de lo que apenas usas y que es como un potencial en reserva, un potencial de felicidad y de recursos; es decir, ese sentido o esa parte sensorial menos utilizada. ¡Insiste igual que lo haría un fisioterapeuta con un músculo entumecido tras una larga inactividad!

6. Variante

En cuanto lo desees y tengas tiempo, concéntrate en resentidos agradables en relación con tu entorno utilizando siempre todos tus canales sensoriales.

7. Opcional

Retoma la hoja del primer punto opcional, del problema que has escrito, y responde a esta pregunta: «¿Cuál es mi impresión ahora?».

Protocolo Feliz n.º 7
Cambiar de emoción mediante el movimiento

- Nivel de dificultad: taburete.
- Indicaciones y objetivo: en primer lugar, se trata de un objetivo pedagógico: tomar conciencia de que nuestro cuerpo está ligado a nuestras emociones, y nuestras emociones a nuestro cuerpo. En realidad, los dos forman un todo. Esto es pedagógico y útil en una conferencia o para transmitir la información, el mensaje de la unidad: el cuerpo, es decir, el conjunto de nuestras células, y la emoción, es decir, el conjunto de nuestros resentidos.

  Segundo objetivo: transformar una emoción-problema negativa en una nueva experiencia agradable, de forma muy simple e inmediata, sin necesidad de entrar en el contenido o de hacer una larga terapia, o de ser inteligente. Así pues, esto es accesible a cualquier individuo, incluso si el sujeto, aparentemente, es reacio a toda introspección o a cualquier trabajo de rememoración.
- Condiciones de realización: se hace entre dos personas.
- Materiales: mucho espacio.

Introducción

Todas las tradiciones religiosas, espirituales y místicas lo comprendieron desde el principio: el cuerpo exterior está ligado a la vida interior; si no fuese así, ¿por qué las posturas específicas para la meditación, la plegaria, la oración? ¿Por qué las prácticas como el qi gong, el tai chi chuan o el yoga? ¿Y por qué si no las artes marciales y las prácticas de los samuráis, las katas, propiciarían una experiencia interior tan poderosa? Es como un ajuste de todas nuestras dimensiones.

También podemos servirnos de esta unidad, de este impacto de la postura hacia la emoción, puesto que sabemos de su gran importancia, en sentido contrario: de la emoción hacia la postura. Una persona depresiva no tiene la misma postura general que una histérica. Una persona angustiada no exhibirá el mismo ademán que alguien que se siente seguro y confiado, o que alguien en estado de ebriedad.

Etapas del protocolo

Necesitarás recordar tres experiencias:

a. una experiencia-problema que te gustaría hacer evolucionar;
b. una experiencia-recurso que seas capaz de encontrar con los protocolos precedentes;
c. una experiencia que puede estar ligada a un Maestro o a un mentor.

1. Postura-problema

a) Recuerda una experiencia difícil, un problema.

b) Observa lo que te rodea y elige un emplazamiento para revivir este recuerdo. Tu cuerpo halla una postura física que se adecua a la emoción interior: sufrimiento, angustia… Tal vez estés acurrucado, o tumbado sobre el vientre, o sentado en una silla, completamente inmóvil.

c) Cuando ya has encontrado tu postura, le haces un leve gesto a tu guía; entonces él te pide que «fotografíes» bien esa postura a fin de repetirla en otro momento, que seas totalmente consciente de cada parte de tu cuerpo.

d) Luego sales de ese espacio, de esa emoción, para observar desde el exterior al otro tú mismo en esa postura, acurrucado o inmóvil…

e) Respira, muévete libremente.

2. Postura-recurso

a) Recuerda una experiencia agradable, una experiencia-recurso.

b) Tu espíritu elige un nuevo emplazamiento para vivir en él un resentido positivo. Tu cuerpo se convierte en una escultura viviente que manifiesta tu vida interior, tus resentidos, al detalle.

c) Cuando logres un resultado satisfactorio, haces una leve señal a tu guía, que te deja en esa posición unos segundos más y te invita a tomar una «foto» de esa postura, para recuperarla más adelante.

3. Elegir cambiar

Después sales de ese espacio igual que sales de un traje para mirarlo desde el exterior. Miras las dos esculturas de ti mismo para decidir libremente si eliges dejar al que está bloqueado en su sufrimiento y su malestar o si deseas aportarle nuevos recursos.

Si aceptas la perspectiva de un cambio, la perspectiva del bienestar, y solo en este caso, tu guía prosigue el protocolo con el punto 4 o va directamente al 5.

Respira, muévete con libertad.

4. Opcional: con una tercera escultura

Esta vez vas a visualizar a un guía, a un mentor, a un referente.

a) En el espacio que te rodea, escoge un lugar para imaginar en él a un maestro espiritual, un artista, un escritor, un personaje célebre del pasado, o bien cualquier otro individuo que, en tu opinión, tenga recursos sublimes y útiles para ti.

b) Observa cada detalle de la postura de ese guía, como si fueses un turista ante una obra de arte.

c) Una vez que has observado la postura de forma global y en detalle, entras en esa escultura, te conviertes en esa postura, en ese movimiento o en esa estabilidad, a fin de tener en ella una experiencia personal, interior, sensitiva.

d) Amplifica tu experiencia y luego le haces un gesto a tu guía, que, por tercera vez, te incitará a memorizar la posición.

e) Sales de este espacio y observas las tres esculturas.

f) Respira, muévete libremente.

5. Del problema al recurso

a) Entras en la primera escultura negativa.

Estás en ese espacio-problema como en una burbuja, un cercado, un callejón sin salida. Sigue en contacto con la experiencia interior que te creaba un problema, con los recuerdos, las imágenes, los sonidos…

b) … sin dejar de desplazarte hacia el espacio-recurso. Vas a entrar en contacto con el espacio-recurso. Y pronto los dos espacios formarán uno solo.

En tu cabeza estás en contacto con lo que te planteaba un problema, y tu cuerpo entra en la escultura, se convierte en la escultura-recurso. Tu espíritu ve, escucha la situación que ha planteado un problema, mientras que tu cuerpo está exactamente en la postura-recurso, incluso en lo que atañe a la respiración.

6. Variante, si has hecho el punto 4

a) Si lo has elegido, puedes continuar este protocolo yendo hacia el tercer espacio, el de tu mentor, tu referente.

b) Retén esta experiencia-problema mientras te diriges hacia ese ser. Entras en su espacio y adoptas exactamente su postura, todo ello manteniendo en el espíritu y en la memoria el contacto con lo que habías considerado un problema.

7. Formula todos los cambios interiores, emocionales, cognitivos

¿Cuáles son las nuevas emociones, las nuevas sensaciones, tus nuevas creencias, las nuevas opiniones y puntos de vista diferentes?

Escríbelas.

EPÍLOGO

Sentada en la butaca azul de la consulta de Feliz, Blancanieves mira a su alrededor. Ahora tiene la impresión de que cada objeto está vivo, animado, incluso habitado. Cada lápiz, cada hoja de papel, cada juguete es un vehículo que puede transformarse en emoción y partir de viaje hacia nuevos horizontes, hacia nuevos espacios donde vivir. Cada parte de la habitación ha cobrado una especie de densidad, ¡compacta y ligera al mismo tiempo! Feliz le sonríe como es costumbre en él, chispeante de luz estelar, igual que una noche de verano barrida por el viento tibio y apaciguador: el viento, esa formidable energía que está ahí, tan presente, sin que podamos saber cuándo y dónde va a empezar a soplar...

Impulsada por el viento que la levanta, Blanca se yergue y por última vez le tiende la mano a Feliz. Él sabe que ahora está lista para cruzar una nueva puerta: la del encuentro con Dormilón, el sagaz viajero a las profundidades interiores. Está lista para encontrarse poco a poco consigo misma, para el encuentro con los fantasmas asentados en sus recuerdos, con sus horrores, sus pesadumbres, sus confusiones, sus historias llenas de resplandores en la noche...

Está lista porque puede deslizarse desde sus problemas hasta su dicha y desde su dicha hasta su felicidad; va a proseguir su paseo por su línea de vida, una marcha que la conducirá desde sus recuerdos agradables a futuros recuerdos maravillosos; ahora puede pensar, especialmente, en aquel muchacho que estaba loco por ella y del que ella se burló. Blancanieves ya no está triste por haber estropeado aquellos instantes. Los recuerda con indulgencia y sonríe; es el pasado, historias de niños que olvidan que la vida es un juego, una fiesta, una oportunidad para crecer.

También se ha curado de aquella escena de la clase. La revive, pero acompañada de tantos recursos que ya no tiene el mismo sentido ni el mismo impacto; se siente como desligada y libre. Ha esculpido su emoción de entonces y se ha deslizado hacia una emoción de ligereza feliz; aquel profesor, la circunspección del personaje, le parecen de lo más gracioso. Ese hombre prefiere hacerse el malo antes que ser él mismo.

¡Guau! Blancanieves puede sentirse llena de sensaciones y de sí misma, abierta al resto del universo.

Está lista para ir del sufrimiento a un nuevo nacimiento. Está lista para volver a soñar sus siete sueños y revivirlos a fin de encontrar el origen de su vitíligo, de su malestar. Lista, pues, se encamina hacia Dormilón.

Notas personales:

Tercera parte

DORMILÓN

Prólogo

El ambiente es acogedor, sereno, y el mobiliario cómodo; hay una mesa rodeada de cojines y pufs. Al sentarse en un amplio sofá de tonos cálidos y acogedores, Blancanieves se hunde agradablemente. Frente a ella, un hombre de gestos pausados, lentos, que le sonríe: es Dormilón, el tercer gigante de la terapia. Es un maestro en el arte de la hipnosis, la relajación, la sofrología y varias otras ciencias de los estados alterados de conciencia.

El caso es que el maestro también podría llamarse Soñador, pues con él nunca se sabe dónde están los límites entre sueño y realidad, entre aquí o en otra parte, hoy o en el día ayer… o de mañana.

—Bienvenida a ti, Blanca…

—¡¿A mí o a su consulta?!

—Como prefieras, Blanca. Si es a mi consulta, está bien; si es a ti, igualmente bien.

—¿Hay alguna diferencia?

—¿Qué ves aquí?

—El marco de un cuadro, un arco colgado en la pared, unas cortinas...

—¿Me estás describiendo «mi consulta» o «tu consulta»? Pues los viajeros precedentes que han estado aquí me describieron cosas muy distintas. Ni el arco ni las cortinas, sino esas plantas verdes, por ejemplo. ¿Hablaban de esta habitación? ¡Sí! ¿Entonces por qué empleaban palabras distintas? Por experiencias distintas, tal vez. ¿Acaso cada uno de nosotros no es único y a la vez semejante a los otros?

»¿Quieres pasearte por el interior de todo lo que dormita prudentemente en ti aunque desea ser despertado? Sí, ya que cuando estamos despiertos, algo duerme, y cuando duermes, algo que estaba profundamente aletargado, confortablemente relajado, se despierta...

— ...

Blancanieves no se acuerda muy bien de lo que sucedió a continuación. Solo un magnetófono pudo grabar lo que vas a leer ahora, texto complementado con las notas de Dormilón.

CUESTIONARIO: «¿CÓMO ME GUSTA RELAJARME?»

¿Qué me permite relajarme?
¿Y qué aumenta mi sensación de seguridad y confort?
— la iluminación:
— el lugar:
— el momento del día:
— el entorno: solo/a, acompañado por...
— la música:
— mi posición corporal:
— mis pensamientos e imágenes mentales, algunas frases:
— mis emociones:

¿Qué me impide relajarme?
(utilizar la misma lista)

¿Qué parte de mi cuerpo se relaja primero?

¿Cuál es la primera sensación que me indica que estoy empezando a relajarme?

¿Cómo es mi respiración?
— Cuando empiezo a relajarme:
— Cuando estoy en plena relajación:

¿Cuáles son los beneficios de mis momentos de relajación?
— A corto plazo:
— A largo plazo:
— Para mí:
— Para los demás:

Protocolo Dormilón n.º 1
Aprendizaje de la biorrelajación

- Nivel de dificultad: hamaca.
- Índole: relajación.
- Indicaciones: todas.
- Contraindicaciones: ninguna.
- Objetivo: estar en contacto con tu cuerpo y tu inconsciente durante la relajación. Autohipnosis.
- Condiciones de realización: solo/a o con un terapeuta.
- Tiempo necesario: entre 10 minutos y una hora.
- Materiales: eventualmente, música de relajación; una esterilla, un cojín.

Introducción

Si tienes la impresión de estar estresado y tenso a menudo, he aquí algunos consejos. En efecto, aprendiendo a relajarte lograrás con mayor rapidez algunas modificaciones en tu inconsciente biológico. Tú decides el tiempo que quieres dedicarle a este proceso. Por lo demás, hay disponibles numerosos libros y CD que te ayudarán a entrar en estado de relajación.

ETAPAS DEL PROTOCOLO

1. El paseo

Dedícale un tiempo a pasear. Deja ir tus pensamientos y permanece en contacto con tu entorno. Mira, siente, toca los objetos que te rodean. Si puedes elegir, mejor pasear por el campo, por un bosque; pero cualquier otro lugar también te servirá.

2. El baile

Selecciona una música rítmica o que incluya instrumentos de percusión. Permítete bailar durante al menos 10 minutos, sin preocuparte por qué tal lo haces. Baila como te apetezca; mueve todo el cuerpo. Respira por la nariz y la boca.

Observación

Demasiado a menudo, nuestra rígida educación (como esas reglas que debemos acatar aunque nos parezcan inadecuadas) contribuye a la instalación de numerosas tensiones en nuestro cuerpo.

3. La respiración

De pie, sentado o tumbado, simplemente toma conciencia de tu respiración. Visualiza tu respiración recorriendo las diferentes partes del cuerpo. Amplifica tus sensaciones en cada una de estas partes y luego deja que tu respiración aminore su ritmo y se relaje. Si has bailado o caminado justo antes, esta etapa sobre la respiración se hará más fácil.

Comentarios

Si has seguido estas tres etapas con regularidad, ahora estás listo para entrar en protocolos más específicos.

La relajación es un estado natural del cuerpo. Dicho estado es necesario para la reparación profunda de tu cuerpo. Muy a menudo, relajación y somnolencia van a la par. Con un poco de entrenamiento, podrás relajarte profundamente al tiempo que permaneces consciente. Es muy beneficioso.

Protocolo Dormilón n.º 2
Acojo el sentido de mi enfermedad

- Nivel de dificultad: sillón.
- Índole: visualización.
- Indicaciones: enfermedad, malestar.
- Contraindicaciones: dificultad para visualizar, dificultad para relajartc.
- Objetivo: obtener informaciones inconscientes sobre ti mismo.
- Condiciones de realización: solo, con un terapeuta o incluso en grupo.
- Tiempo necesario: entre 30 y 40 minutos.
- Materiales: un sillón, una cama confortable o unos cojines; puedes tener a mano una hoja o tu diario de a bordo, en el que escribirás todo lo que te parezca importante.

Introducción

Trabajando sobre palabras-clave vas a poder acceder a nuevas informaciones sobre ti mismo y sobre los conflictos inconscientes codificados en tu biología.

ETAPAS DEL PROTOCOLO

1. Antes que nada, estírate, bosteza, respira profundamente varias veces.

2. Luego, sentado o tumbado, encuentra una posición cómoda, que te permitirá dejar venir toda una serie de informaciones.

3. Imagina una pantalla frente a ti mientras permaneces con los ojos cerrados o medio cerrados. También puedes fijar tu mirada en una pared uniforme.

4. Deja venir espontáneamente el color que va a inundar esa pantalla.

5. Escribe virtualmente en el centro de la pantalla la palabra sobre la que deseas encontrar nuevas informaciones. Puede tratarse de un síntoma, de una enfermedad o de cualquier otra palabra que te afecte, que te conmueva o que te preocupe.

6. Ahora, hazte las siguientes preguntas y deja venir todas las respuestas bajo la forma de palabras, imágenes, olores, sabores o impresiones corporales… No busques sus definiciones como si fueses un diccionario, sino que, sin reflexionar, permítete hacer asociaciones de ideas, y recibe todo lo que viene espontáneamente.
«¿Cuál es su significado para mí?». Deja venir todas las respuestas bajo la forma de palabras, imágenes, olores, sabores o impresiones corporales.

7. Ahora, pregúntate: **«¿Qué parte de mi vida se ve afectada? ¿Íntima, relacional, familiar, profesional?…».** Deja venir todas las respuestas bajo la forma de palabras, imágenes, olores, sabores o impresiones corporales.

8. A continuación: **«¿Qué etapa de mi vida está afectada? ¿Adulta, joven, adolescente, preadolescente, infantil, de lactancia, vía intrauterina, anterior?».**

9. **«¿Qué edad tenía en aquel momento?».** Deja venir un número de aquella etapa.

10. «¿Qué desencadenó aquello?». De nuevo, deja venir sin esfuerzo todas las respuestas, en la forma que sea. «Me permito revisitar ese momento como si viese una película en el cine. Me fijo en los actores, en el vestuario».

11. «¿Cuál fue el evento que desencadenó aquello en mí?». «Identifico el momento exacto en que ese algo me disgustó, me hizo daño o me amenazó».

12. «¿Qué tendría que cambiar yo en esta situación para transformarla en un momento agradable?».

13. «¿Qué sucede en mí con este cambio? ¿En mi interior, en mis emociones o en mi resentido?».

14. Asociarse, vivir este cambio desde el interior intensificando las sensaciones agradables.

Aunque puede suceder que no consigas cambiar algo, no te preocupes, será preciso repetirlo varias veces.

Si has logrado cambiar tu resentido, puedes trabajar en otras palabras.

Observación

Es necesario practicar este protocolo varias veces y, eventualmente, sobre distintas palabras. De manera progresiva, un mismo evento puede empezar a aparecer y a repetirse.

Variante por medio de la escritura

Si tengo dificultades para visualizar, hago el ejercicio escribiendo el nombre del síntoma en una hoja en vez de visualizarlo.

Protocolo Dormilón n.º 3
Los cuatro sanadores

- Nivel de dificultad: hamaca.
- Índole: visualización, relajación.
- Indicaciones: problemas orgánicos.
- Contraindicaciones: dolores excesivos, trastornos mentales importantes, imposibilidad de visualizar.
- Objetivo: aumentar tu conciencia orgánica, modificar algunos resentidos orgánicos.
- Condiciones de realización: solo/a o con un terapeuta.
- Tiempo necesario: 30 minutos.
- Materiales: ninguno.

Introducción

Cada personaje propuesto es una metáfora o un símbolo que nos ayuda a concretar nuestro resentido y que lo hace evolucionar.

Este protocolo funciona bien a condición de que estés cómodo con la visualización. Si no es el caso, necesitarás simplemente un poco de entrenamiento.

También puedes grabar las etapas para que luego solo tengas que escuchar tu voz.

Etapas del protocolo

Elige una postura confortable. Cierra los ojos. Toma conciencia de los diferentes puntos de apoyo de tu cuerpo. Luego respira profundamente y convierte cada exhalación en un suspiro. Con cada exhalación te relajas un poco más, conservando, sin embargo, el suficiente tono muscular para estar a la escucha de ti mismo. Si te duermes, una parte de ti va a retener esas informaciones.

Desciende más y más profundamente en la conciencia de tu cuerpo. Observa desde el interior la totalidad de tu cuerpo. ¿Qué parte de él quieres mejorar, sanar u optimizar? Pasa revista a tu cuerpo; permanece atento, pues tu intención debe ser descubrir una zona corporal importante para ti y que deseas mejorar.

«Ahora voy a entrar en esa parte de mi cuerpo que deseo tratar. Entro en esa parte. Me instalo en su interior, en el centro de esa parte.

»Recurro a un **escultor** que tiene la capacidad de utilizar todas las herramientas válidas para su obra: una herramienta cortante, una térmica, otra para la modificación de la estructura de esta parte... Lo dejo trabajar en mí con sus eficientes y útiles herramientas para conseguir la curación. Tal vez necesite un equipo u otras cosas... Cuando siento que la escultura está totalmente terminada, observo el trabajo realizado.

»Luego recurro al **joyero**, que va a trabajar con más delicadeza y con herramientas más precisas. Por ejemplo, las piedras preciosas que favorecerán el resplandor... Dejo trabajar a este **joyero** en mi interior. Retrocedo para tener mejor perspectiva y detallo el magnífico trabajo realizado en esta parte.

»A continuación reclamo la presencia del **director de orquesta** con el fin de armonizar esta parte con el resto de mi cuerpo. Dejo trabajar al director de orquesta en mi interior para que armonice y permita la integración total.

»Según mis creencias, me pongo en contacto con **un ser de luz**, Jesús, Buda, un ángel, una luz, la supraconsciencia... Elijo el de mi preferencia y le pido que me ayude a armonizar el interior, así como el espacio energético alrededor de mi cuerpo».

Observación

Si este trabajo se ha hecho a fondo, concédete siempre un tiempo de integración y relajación.

Las cuatro realidades biológicas

Introducción

En todo momento, nuestra vida pretende satisfacer cuatro realidades: la supervivencia arcaica, la protección, la valorización y la organización de nuestra vida social.

Nuestro cerebro está dividido en cuatro partes funcionales y cada una de estas partes se ocupa de una de estas cuatro realidades:

— tronco cerebral: supervivencia;
— cerebelo: protección;
— parte central de los dos hemisferios cerebrales: valorizaciones;
— periferia de los dos hemisferios cerebrales: vida social.

Cada zona cerebral tiene bajo su control un conjunto de órganos que desempeñan un rol preciso.

Los órganos sujetos al control del tronco cerebral (pulmones, hígado...) se ocupan de nuestra supervivencia (respiración, digestión...).

Los órganos a cargo del cerebelo (dermis, pericardio...) se ocupan de nuestra protección (del cuerpo, del corazón...).

Los órganos ligados al centro de los hemisferios (huesos, músculos...) se ocupan de nuestras valorizaciones (en la estructura, respecto al poder...).

Los órganos ligados con el córtex (vagina, vejiga...) se ocupan de nuestra vida social (sexual, territorial...).

En consecuencia:

La primera planta se ocupa de las funciones *arcaicas*.

La segunda planta se ocupa de las funciones de *protección*.

La tercera planta se ocupa de las funciones de *valorización*.

La cuarta planta se ocupa de las funciones de la vida *social*.

En cuanto hayas comprendido *intelectualmente* la realidad de las cuatro plantas biológicas que constituyen el ser vivo y cuya totalidad nos constituye a «Nosotros» como seres autónomos, habrá que explorar *desde el interior*, en el resentido, estas diferentes plantas, es decir, sus sensibilidades biológicas.

De este modo, los protocolos tendrán un alcance pedagógico para los alumnos en prácticas y los futuros terapeutas, así como un alcance en el terreno del diagnóstico y el tratamiento. Gracias a estas exploraciones interiores, podremos posar la conciencia en cada órgano y, simultáneamente, en el estado emocional y energético asociado a este. En caso de debilidad o desfallecimiento, aparecerá una emoción.

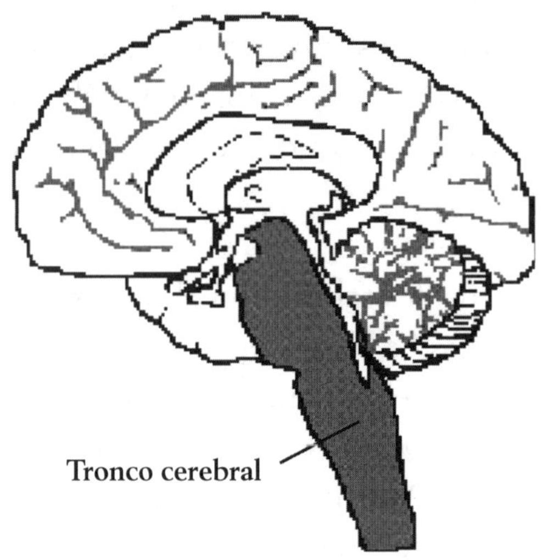

Primera planta
Protocolo Dormilón n.º 4
Respiración en los órganos

- Nivel de dificultad: cama de clavos.
- Indicaciones: curiosidad, desarrollo personal.
- Contraindicaciones: enfermedad grave y paciente angustiado.
- Objetivo: pedagógico y diagnóstico.
- Condiciones de realización: dos personas; disponer de un mapa de los relevos biológicos del cerebro (mapa de las conexiones neuronales).
- Preparación: es preciso saber un mínimo de anatomía y de Descodificación Biológica gracias a los seminarios o a la lectura detenida de las obras de Hervé y Mireille Scala, Giorgi Membreti, Patrick Obissier, el doctor Guinné, Salomon Sellam y Christian Flèche.

- Tiempo necesario: entre 30 y 40 minutos.
- Materiales: láminas anatómicas, esquemas de Biodescodificación.

Para que entrar en este ejercicio te resulte más sencillo, puedes releer todo lo referido a la primera planta que aparece explicado en las obras de Descodificación Biológica citadas en la bibliografía.

Órganos ligados a la primera planta:

Amígdala – boca (submucosa) – esófago (tercio inferior) – estómago (curvatura mayor) – duodeno – intestino delgado – apéndice – colon – ciego (primera porción intestino grueso) – colon sigmoide – submucosa del tracto digestivo – epiplón – oreja media – trompas de Eustaquio – glándulas lagrimales – vegetaciones – glándulas salivares – faringe – páncreas – hígado – vejiga – canales colectores del riñón – próstata – gónadas – útero (cuerpo del) – placenta – trompas de Falopio – pulmones (alveolos) – hipófisis – glándula tiroides – paratiroides – timo.

Vas a visualizar todos estos órganos para tener una representación mental de los mismos. Pero también puedes buscar unas láminas anatómicas del cuerpo humano para tener una visión aún más clara. El cerebro izquierdo es la parte racional, intelectual, precisa y lógica. Con este ejercicio vas a viajar del cerebro izquierdo al cerebro derecho.

Primera parte del protocolo

1. Te instalas cómodamente. Te dejas conducir.

Cierras los ojos. Aflojas la mandíbula. Sientes tus manos confortablemente apoyadas.

2. Permítete suspirar profundamente. Inspira y exhala por la boca;

esto te ayudará a situarte en tu resentido. (Respirar por la nariz te coloca en un sistema de control, respirar por la boca te hace trabajar en tu resentido). Utiliza tu respiración para descender al interior de tu cuerpo. Tómate tu tiempo y contacta con tu resentido. Deja que tu respiración se amplifique progresivamente hasta sentirla plena. Inspira y exhala varias veces, ampliamente, y luego deja que tu respiración siga con libertad, como mejor le convenga.

A lo largo de todo este ejercicio, tu respiración será tu punto de referencia.

3. Ahora pon tu atención en la base de tu cerebro, simplemente en la percepción de tu tronco cerebral.

«Miro mi tronco cerebral desde el interior. Y me dedico a contemplarlo como es, sin juicios, sin miedo, con toda naturalidad. Luego voy a ponerme en contacto con todos los órganos ligados al tronco cerebral. Dejo venir mis percepciones de mis órganos en su función fundamental, arcaica, esencial.

»**4.** Empiezo mi viaje por las amígdalas – boca (submucosa) – esófago (tercio inferior) – estómago (curvatura mayor) – duodeno – intestino delgado – apéndice – colon – ciego (primera porción de intestino grueso) – colon sigmoide – submucosa del tracto digestivo – epiplón – oreja media – trompas de Eustaquio – glándulas lagrimales – vegetaciones – glándulas salivares parótidas, sublinguales – faringe – páncreas – hígado – vejiga – canales colectores del riñón – gónadas – próstata o útero (cuerpo del) – trompas de Falopio – pulmones (alveolos) – hipófisis – glándula tiroides – paratiroides – timo».

Acabas de realizar un tour panorámico en tu propio resentido de los órganos ligados al tronco cerebral.

SEGUNDA PARTE DEL PROTOCOLO

1. En esta segunda parte, vas a dejarte atraer por un órgano en concreto. O por una sensación en un órgano. Observa esta sensación en ese órgano. ¿Cómo se manifiesta? El color. La intensidad del color. La forma. La presión en el interior. ¿Qué otros detalles puedes encontrar? La longitud. La altura. El peso. La densidad. Simplemente déjate guiar por tu resentido. Entra realmente en el interior de tu sensación.

2. Cuando te sientas en el centro de ese resentido, de esa sensación, permítete respirar en el interior de ese resentido. Simplemente introduces tu respiración.

3. Observa, desde el interior, los cambios de tu resentido.

4. Si te sientes en el corazón de algo, acéptalo sin ofrecer resistencia.

5. Define todos los detalles de tu resentido. La forma, el color, la densidad, la presión. Y aprende a estar frente a tu resentido tal y como es, a vivir con él.

6. Respiras en el interior de este órgano, en cada una de sus partes. Respiras en el interior de tus resentidos. Introduces movimiento en este espacio.

7. Si lo deseas, puedes ir a otro órgano o zona corporal; y, de nuevo, localizas tu resentido respecto a ese nuevo lugar del cuerpo.

Recapitulación

— Respira por la boca en postura relajada. Deja aumentar la respiración hasta que se vuelva plena, amplia, durante 3, 4, 5 respiraciones. Luego te desentiendes.

— Visualiza el tronco cerebral. Es una primera visualización general.

— Visualiza cada órgano, lentamente.

— ¿Qué órgano te atrae?

— Observa todos los detalles de tu resentido. La forma, el color, la densidad, la presión de la emoción que puedes resentir. Aprendes a estar frente a tu resentido tal y como es.

— Respiras en el interior de ese resentido.

Comentarios

• ***La pericia siempre es el cuidado por el detalle***

Cuanto más trabajes en los detalles de tu resentido, más penetrarás en él.

Si estás demasiado ajeno y desconectado, te costará que las cosas se muevan en tu resentido. Es como si fueses un perito de la construcción que se pasea por un apartamento. Dirá: «Aquí hay humedades que vienen de tal parte». Tendrá esa preocupación por los detalles. La pericia siempre es el cuidado por los detalles. Si quieres llegar lejos en tu resentido, debes aumentar los detalles percibidos.

• ***La respiración agita el estupor***

Una vez que estás en el centro de ese resentido, que sientes que ya no hay más detalles que explorar, instalas tu respiración en un espacio de tu cuerpo que ha estado en suspenso.

Pensamos, hablamos, vivimos con nuestros órganos.

Hay estupores que podemos percibir en uno de nuestros órganos. Al incluir en él la respiración, lo agitamos, introducimos movimiento dentro de algo que ha estado petrificado. Esto transforma el resentido. En vez de introducir la respiración, también puedes imaginar una luz que penetra en su interior.

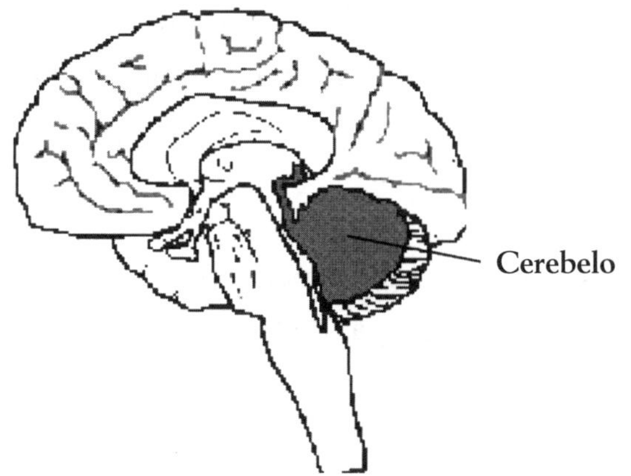

Segunda planta
Protocolo Dormilón n.º 5
Asegurar y limpiar tus envolturas

- Nivel de dificultad: taburete.
- Indicaciones: curiosidad, desarrollo personal.
- Contraindicaciones: enfermedad grave, paciente angustiado.
- Objetivo: pedagógico y diagnóstico.
- Condiciones de realización: dos personas; disponer de un mapa de los relevos biológicos del cerebro (mapa de las conexiones neuronales).
- Preparación: es preciso saber un mínimo de anatomía del cuerpo humano y de Descodificación Biológica gracias a los seminarios o a la lectura detenida de las obras de Hervé Scala, Giorgio Membreti, Patrick Obissier, el doctor Guinné, Salomon Sellam y Christian Flèche.
- Tiempo necesario: unos 30 minutos más o menos.
- Materiales: láminas anatómicas, esquemas de Descodificación Biológica.

Este ejercicio nos permitirá integrar todos los datos sobre el cerebelo y, a la vez, llevarnos a descubrir otro modelo de trabajo. Para facilitar este ejercicio, puedes releer lo referido a la segunda planta de la biología.

Órganos ligados a la segunda planta:

Meninges – senos (glándula) – pericardio – pleura – peritoneo – escroto o labios externos – trompas de Eustaquio – dermis – aponeurosis – vaina de mielina.

PRIMERA PARTE DEL PROTOCOLO

1. Ponte cómodo. Cierra los ojos. Afloja bien la mandíbula.

2. Entra en contacto con tu respiración. Respira por la boca para meterte en tu resentido. Luego, progresivamente, aumenta tu respiración hasta que se vuelva completa. La mantienes completa durante cinco ciclos. Tras cada respiración completa, percibes que desciendes en tu resentido y que te relajas profundamente, cada vez un poco más (manteniendo, sin embargo, una cierta conciencia del exterior).

3. Visualiza tu cerebelo y sus dos lóbulos, a la derecha y a la izquierda, en la base del cerebro. Deja que tu atención se pasee por el interior de estos dos lóbulos. «Los observo. Los miro. Los percibo. Los siento».

4. A continuación vas a visualizar cada una de las siguientes envolturas. En cada caso, vas a imaginar que son como una especie de bolsa. Después te invitaré a fijarte en la textura de cada una de estas envolturas. En tu resentido, instintivamente, ¿cómo se te aparecen estas envolturas?

Te invito a mirar:

La envoltura de tu cerebro: las meninges.

… pausa …

La envoltura de los órganos que queremos proteger: las glándulas mamarias.

... pausa ...

La envoltura del corazón: el pericardio.

... pausa ...

La envoltura de los pulmones: la pleura.

... pausa ...

La envoltura del vientre: el peritoneo.

... pausa ...

La envoltura a nivel del escroto (para los hombres) o de los labios externos (para las mujeres).

... pausa ...

La envoltura a nivel de la trompa de Eustaquio, en las orejas.

... pausa ...

La envoltura del cuerpo: la dermis, que está bajo la epidermis.

... pausa ...

Las envolturas de los músculos, a nivel de las aponeurosis.

... pausa ...

Las envolturas alrededor de los nervios: las vainas de mielina.

... pausa ...

En esta primera parte, has tenido una visión general de las diferentes envolturas.

Segunda parte del protocolo

1. Te invito a trabajar en una envoltura en particular. La que se te pase por la cabeza espontáneamente o la que decidas elegir.

2. Vas a imaginar que colocas esa envoltura delante de ti. Te fijas en todas sus facetas, como si mirases un objeto. Observas las diferencias de color, de forma.

3. Vas a mejorar esta envoltura. Si sientes la necesidad de limpiarla, la limpias. Si te parece que está demasiado dura o demasiado oscura, etc., imagina lo que te resultaría más útil para que su aspecto te convenza: un pincel, un láser, un plumero o un soplido, una luz o un sonido, etc. También puedes burilarla con un martillo. Permítete reorganizarla según tu intuición. Hasta que alcances en tu interior un sentimiento de bienestar, de labor culminada.

4. Una vez que te sientas satisfecho de tu trabajo, vuelves a poner la envoltura en su sitio. Conectas de nuevo esta envoltura con las otras, permitiendo así la reorganización de las otras, ligadas a esta envoltura renovada y colocada en su sitio. **Y permites una buena comunicación entre esta envoltura y las demás,** pues ahora que está muy limpia, que está como nueva, existe la posibilidad de que entre en conflicto con otras envolturas.

5. Antes de abrir los ojos, ten en cuenta que podrás retomar este ejercicio y continuarlo en otro momento, cuando lo desees.

Cuando sientas que todo está en orden de nuevo, cobras conciencia de tus puntos de apoyo: tus pies en el suelo, tus nalgas en la silla. Te reencuentras con el espacio que te rodea. Puedes estirarte, moverte.

Recapitulación

- Primera parte
  1. Relajación.
  2. Respiraciones, profundas respiraciones por la boca.
  3. Visualización del cerebelo.
  4. Visualización de todas las envolturas.

- Segunda parte
  1. Segundo paso: elegimos una envoltura.
  2. La colocamos ante nosotros.
  3. La trabajamos hasta sentirnos bien.
  4. La colocamos de nuevo en su sitio. La ponemos en comunicación con todas las demás envolturas.
  5. Retomamos contacto con nuestro entorno.

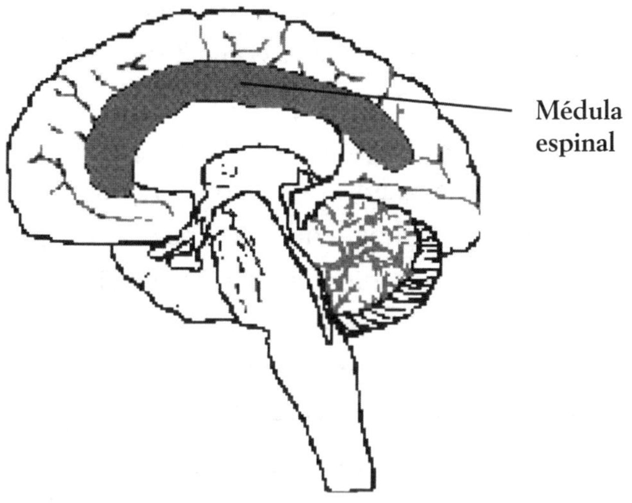

Tercera planta
Protocolo Dormilón n.º 6
Encontrar tus valores

- Nivel de dificultad: taburete.
- Indicaciones: desarrollo personal.
- Contraindicaciones: enfermedad grave y paciente angustiado.
- Objetivo: llevar recursos a una zona psico-emocional de nuestro cuerpo.
- Condiciones de realización: dos personas.
- Preparación: saber un mínimo de anatomía del cuerpo humano y de Biodescodificación gracias a los seminarios o las lecturas.
- Tiempo necesario: 30 minutos.
- Materiales: disponer de tus manos.

Introducción

Aquí abordamos una planta muy importante por el volumen y la frecuencia. En efecto, la mayor parte de nuestro cuerpo está constituido por células procedentes de esa tercera planta. Las células constituyen el tejido conjuntivo relacionado con los siguientes órganos:

Órganos ligados a la tercera planta:

Tejido conjuntivo; grasa – cartílago – tendones – músculos estriados – arterias – venas – ganglios – huesos – bazo – plaquetas – glóbulos rojos – glóbulos blancos – dientes (dentina) – riñones – corticosuprarrenales – gónadas (zona intersticial).

Esta planta tiene su relevo cerebral situado en los dos hemisferios cerebrales, bajo el córtex. Está vinculada con la respuesta a la siguiente pregunta: *«¿Acaso esto me importa, tiene algún valor para mí, biológicamente hablando?»*. Si la respuesta es sí, la cosa existe; si la respuesta es no, la cosa desaparece. Esto se hace evidente, de forma muy concreta, observando cómo evolucionamos año tras año. Lo que tiene valor a los seis meses ya no lo tiene al año; lo que tenía valor en nuestra historia a los cinco años ya no lo tiene a los diez. Por eso pasamos de un juguete a otro, de una actividad a otra. Lo que echábamos de menos hasta hacernos llorar a los dos años, como la presencia tranquilizadora de mamá, su olor, puede irritarnos a los dieciocho. Lo que nos llenaba de alegría cuando teníamos tres o cuatro años, como jugar a las muñecas o a los soldaditos, un tiempo después nos impacienta o nos aburre, y nos preguntamos cómo es posible que tal o cual cosa nos apasionara. Así, lo que te importa en un momento dado deja de hacerlo poco después. Lo que tenía valor para nuestros abuelos dejó de tenerlo para nuestros padres, que, por su parte, valoran cosas que nosotros consideramos anticuadas.

En nuestro cuerpo, esta función le corresponde al tejido conjuntivo; un gran porcentaje de nuestro cuerpo está constituido por él.

El esqueleto, por ejemplo, tiene un funcionamiento muy instructivo: unas células, las osteoblásticas, lo construyen sin descanso; otras, las osteoclásticas, lo destruyen. Desde que nacemos hasta que morimos, nuestro cuerpo se crea y se destruye sin fin al albur de las necesidades.

Ejemplo

Un astronauta en ingravidez ya no necesita su esqueleto, y este se descalcifica. Sus músculos y todas aquellas partes de su cuerpo que no utiliza, inútiles biológicamente hablando, se atrofian.

Lo que deja de tener utilidad desaparece, como las patas de ese mamífero al que llamamos delfín. Así pues, desvalorización no debe entenderse en un sentido psicológico, sino en su alcance biológico: la cosa ya no tiene valor, utilidad, sentido ni razón de ser; por tanto, ¡desaparece! Adiós, bicicleta, te vas al trastero o la basura; hola, motocicleta. Adiós, papá; hola, colegas. Adiós, mamá; bienvenidas, chicas. Nuestro esqueleto siempre va a calcificarse allí donde es más requerido y, por tanto, útil, donde tiene valor y sentido. Lo mismo ocurre con nuestros músculos o con cualquier otra parte de nuestro cuerpo. Igual sucedió con los dientes en el caso de los perros lobo, a los que, antiguamente, les resultaban imprescindibles; hoy su comida es blanda y, en consecuencia, sus dientes tienen caries y a veces se caen espontáneamente.

Etapas del protocolo

Te relajas. Observas tu respiración. Relajas la mandíbula. Inspiras y exhalas por la boca. Bosteza si te apetece. Progresivamente, empiezas a respirar de forma más amplia. Haz respiraciones profundas.

1. Visualizar un paisaje-recurso

Rememora un momento especialmente agradable durante el que estuviste en contacto con tus valores y tu identidad; por ejemplo, cuando contemplaste un paisaje bellísimo en el que te sentiste relajado. Sientes de nuevo el ambiente agradable de aquel lugar de ensueño. Estás cómodamente instalado. Sientes ese paisaje con todas tus sensaciones: con los ojos, los oídos, la nariz, la piel. Buscas el centro de tu bienestar en tu cuerpo. Una vez que lo encuentras, posas una mano sobre él.

Abandonas este paisaje. Mueve libremente tus manos. Y respira de nuevo de modo profundo.

2. Resentir las estructuras

Resientes el fluir de la sangre por tu cuerpo: pulsaciones, calor, movimiento. Luego, desde la coronilla de tu cráneo hasta los dedos de los pies, sientes todas tus estructuras óseas, musculares, todos tus ligamentos y tendones. (Si es necesario, tu acompañante puede enumerar las zonas.)

3. ¿Sobre qué parte trabajar?

Ahora vas a permitirte resentir en qué tejido (hueso, músculo, sangre, grasa, ligamentos, tendones) y en qué parte de tu cuerpo (cabeza, cuello, tórax, brazos, antebrazos, manos, abdomen, pelvis, muslos, piernas, pies) te apetece concentrar tu atención. Cuando hayas encontrado esa zona, posas muy lentamente tu otra mano encima.

4. Dejar que vuelva la imagen del paisaje agradable

Dejas venir todas tus sensaciones surgidas de la visualización del paisaje de la primera parte hasta que sientas un bienestar. Posas la mano-recurso.

Luego posas la otra mano sobre la zona del cuerpo que quieres trabajar primero.

A continuación, visualizas los elementos del paisaje positivo; viaja de la zona-recurso a la zona-problema trazando surcos, pulsando, dándole calor a los tejidos, a las estructuras, como algo que viniese de un corazón, de un sol, por ejemplo.

Una vez que estés cómodo con este protocolo, sigues yendo de una parte a otra, hasta que sientas que todo tu sistema conjuntivo está inundado por ese paisaje y ese bienestar.

5. Retomar contacto con la realidad

Luego nuevamente estableces contacto con tu entorno: la silla, el sol… Te estiras, bostezas, te mueves.

Tercera planta
Protocolo Dormilón n.º 7
Creencia y contracreencia

- Nivel de dificultad: cama de clavos.
- Indicaciones: desarrollo personal.
- Contraindicaciones: enfermedad grave y paciente angustiado.
- Objctivo: diagnóstico, transformación.
- Condiciones de realización: dos personas.
- Preparación: es necesario saber un mínimo de anatomía y de Biodescodificación.
- Tiempo necesario: 30 minutos.
- Materiales: papel y lápiz.

Este ejercicio se realiza entre dos personas y exige ponerse en escena, implicándose lo suficiente como para conseguir que se muevan las cosas.

1. Determina tus palabras clave respecto a la tercera planta: **«desvalorizado, inútil, bueno para nada, nulo, menos que nada, devaluado, impotente, incapaz, inepto, incompetente, torpe, desmañado, ignorante, mediano, mediocre, desacreditado, depreciado, nadie, nada, cero, superfluo…».**

2. Encuentra un campo de investigación; por ejemplo: el trabajo, la familia, la escuela, el barrio, la pareja.

3. Encuentra un momento preciso en que experimentaste esa palabra.

4. Una vez que has encontrado ese momento preciso, permítete responder estas preguntas:

— ¿Cuál es la posición de mi cuerpo?
— ¿Cómo es mi respiración?
— ¿Qué estoy haciendo?
— ¿Pienso en...?
— ¿En qué emoción estoy?
— ¿Qué sentido, qué opinión tienes en este instante?
- sobre ti:
- sobre el otro (la relación):
- sobre la vida:
- sobre el mundo:

...

— ¿Qué decisión tomas?
- en lo que a ti concierne:
- en lo que concierne a los otros:
- en lo que concierne al mundo:

...

5. Hazte estas preguntas hasta la aparición de una **creencia repetitiva**. Escríbela en una hoja de papel: A.

6. Escribe todas tus respuestas en tu diario de a bordo.

7. Una vez que el sujeto haya expresado todos los resentidos y las creencias (la opinión, el sentido, la consideración), haz que defina la **creencia inversa, la contracreencia**. Se trata de lo opuesto exacto de esa creencia repetitiva, y esto desde el punto de vista del sujeto.

Cuidado, no busques una lógica literaria o gramatical, sino el resentido, la intuición, **la lógica interna al sujeto**.

8. Escribe la contracreencia en una hoja de papel: B.

9. Luego coloca estas dos hojas, A y B, en el suelo, de modo que estén a menos de un metro de distancia una de otra, en dos espacios distintos que hayas elegido intuitivamente.

10. Mira de lejos las dos hojas, A y B, hasta que una nueva experiencia, una experiencia distinta, *más allá* de las otras dos, aparezca.

11. Pon los dos pies sobre la hoja A; luego, los dos pies sobre la hoja B. Siente las diferencias. Exprésalas. Sigue con este desplazamiento alterno hasta que todas las informaciones hayan salido de ti.

12. Posa un pie en cada hoja. ¿Cuál es tu experiencia? Cuando piensas de nuevo en la creencia del punto 5, ¿qué ocurre?

Observación

Si aparecen otras creencias limitantes, retoma el protocolo a partir del punto 1.

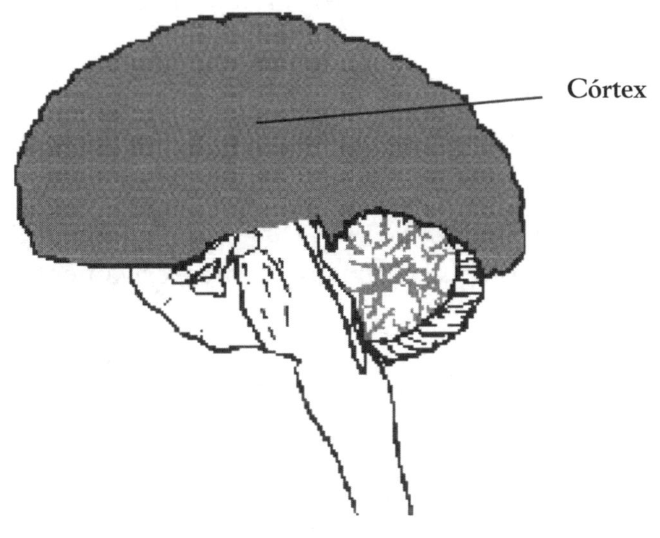

Cuarta planta
Protocolo Dormilón n.º 8
Amar tus órganos

En la evolución del ser vivo, a continuación de las tres plantas precedentes, aparece una nueva realidad: «El otro existe y puedo entrar en comunicación con él, y él puede entrar en comunicación conmigo. Y esto puede ser bueno tanto para él como para mí».

- Nivel de dificultad: cama de clavos.
- Indicaciones: desarrollo personal.
- Contraindicaciones: enfermedad grave y paciente angustiado.
- Objetivo: diagnóstico, transformación.
- Condiciones de realización: dos personas; tener una representación sólida de lo que es el amor; para esto, utilizar, por ejemplo, los protocolos de Feliz y de Mudito (n.os 6 y 7).

- Preparación: es necesario saber un mínimo de anatomía y de Biodescodificación.
- Tiempo necesario: alrededor de 1 hora.
- Materiales: amor, láminas anatómicas (véase bibliografía).

Te propongo que te relajes. Puedes bostezar, respirar, aflojar tu mandíbula. Cierra los ojos. Tus respiraciones, progresivamente, se vuelven más amplias.

IDENTIFICARSE CON... LOS GANGLIOS NOBLES. ACARICIA TU CUELLO

1. Te invito a que te conviertas en los ganglios de tu cuello. Con toda confianza, siente su presencia, que parte de la oreja derecha y de la oreja izquierda. Estos ganglios, estos canales linfáticos que corren a lo largo del cuello, del esófago, y descienden hasta el tórax, están ahí para ocuparse diligentemente de todos estos órganos nobles: cerebro, corazón, pulmones. Están ahí para protegerlos de todo cuerpo extraño, de toda agresión.

La ayuda de estos ganglios será requerida cuando surja el siguiente conflicto: «No confío en mi cuerpo. Puede desampararme». Sin embargo, mi cuerpo está ahí; por tanto, mis órganos gozan de buena salud; estoy a salvo, estoy vivo. Pero, a veces, algunas personas desconfían de su propio cuerpo, pues está enfermo. Puede ser seropositivo, tener un cáncer o cualquier otra cosa.

Es un conflicto muy importante, ya que este cuerpo debe garantizarme la salud y, además, me permite encarnarme, caminar, respirar, digerir... En este conflicto, mi cuerpo, mi amigo, se convierte en mi enemigo. Se vuelve hostil. Le han encontrado una enfermedad o un defecto. Y por su culpa, mi cabeza, mi espíritu, mi ego, pueden desaparecer.

Tómate el tiempo de resentir desde el interior lo que esto puede significar en tu vida.

2. Entra en relación contigo mismo, tocando y acariciando con tanto **amor** como sea posible tu cuello, tu tórax, a fin de emitir, de enviar, todo el amor posible a tus ganglios y a tus vasos linfáticos…

3. Retoma el contacto con tu entorno. Desarrolla la sensación de tu cuerpo y de todo lo que lo rodea. Puedes abrir los ojos. Y ahora nos ponemos de nuevo en camino.

IDENTIFICARSE CON… LOS BRONQUIOS. ACARICIA TU TÓRAX

1. Te propongo utilizar la libertad de estar en contacto y de convertirte en tus bronquios, esos tubos que conducen el aire hasta los pulmones y, luego, de los pulmones al exterior. Eres capaz de sentir el aire que circula por ti gracias a tus bronquios. Te transformas en los bronquios, que permiten que el espacio entre en ti. Un espacio que tú eliges, que se convierte en tu espacio interior, que es tu espacio de libertad y de seguridad. Y el espacio —tanto para el ser humano como para el animal— es muy importante. Es su garaje, su taller o su apartamento, su trabajo, su ambiente: espacio de libertad, espacio de seguridad que me da la vida y en el que me siento bien.

La esposa, el marido, los hijos, forman parte del espacio. Y todo lo que hay dentro de la casa. Ya seamos un ciervo o un toro, tenemos un espacio. Por supuesto que otro ciervo puede apoderarse de mi espacio, «aspirar» mi aire, pretender arrebatármelo, amenazar mi territorio. Y son mis bronquios los que reaccionan para defender mi espacio. Son mis bronquios los que se dilatan para introducir más aire en el interior a fin de oxigenar mejor mi cuerpo y así aportarme más espacio, más vida para poder luchar y conservar mi espacio amenazado.

Tómate el tiempo que realmente necesites para resentir toda la resonancia que esto tiene en tu vida.

2. Contacta con tus bronquios posando la mano sobre tu tórax a fin de comunicarte amorosamente con ellos.

3. Retoma el contacto con tu entorno. Respira ampliamente. Y nos ponemos en marcha otra vez.

IDENTIFICARSE CON... LAS ARTERIAS CORONARIAS. ACARICIA TU CORAZÓN

1. Si así lo deseas, puedes transformarte en tus arterias coronarias. Son como unas raíces alrededor de tu corazón, unas ramas, unas lianas, unos tubos. Estas arterias coronarias que rodean tu corazón son generosas, nutricias. En todo instante conducen sangre para alimentar y oxigenar ese corazón que funciona sin cesar. Mi corazón, permanentemente, recibe y reenvía la sangre a todas las partes de mi cuerpo, como, por ejemplo, a los músculos. Y, especialmente, cuando debe luchar para defender el territorio. Entonces las arterias se hincharán a fin de permitir que circule más sangre por la arteria coronaria. Y así llegará más oxígeno a tu corazón. Y así tu corazón latirá aún más rápido, con más eficacia, con más vitalidad. Y así todo tu cuerpo y tus músculos reciben más oxígeno, puesto que el corazón trabaja más.

Es la historia de ese león que lucha para defender su territorio, pues percibe el peligro de perderlo con todo lo que contiene. Para el león esto equivale a perder a las leonas y a sus presas de caza. Para el hombre es perder su trabajo, o su casa, o su familia, o su país. Lo que él considera su territorio. Quiere defenderlo y luchar por ello.

Mi corazón late con fuerza para que yo me refuerce.

Viaja por tu vida para recibir todo lo que se parezca a lo que hemos contado; entonces, revívelo con calma siendo tus arterias coronarias, ellas, las indispensables.

2. Posa las dos manos sobre tu corazón para ofrecerle todo el calor y la pasión de que seas capaz.

3. Retoma el contacto con tu entorno. Respira profundamente. Y nos ponemos en marcha otra vez.

IDENTIFICARSE CON... LA CURVATURA MENOR DEL ESTÓMAGO, EL DUODENO, LAS VÍAS BILIARES, LOS CANALES PANCREÁTICOS. ACARICIA TU VIENTRE

1. Vas a descubrir otra parte de tu cuerpo físico y de tu cuerpo emocional, biológico. Una parte del estómago, la curvatura menor, y lo que viene después, el duodeno, es decir, el comienzo del intestino delgado. Tu espíritu se orienta igualmente hacia todos los canales que hay en el interior del hígado y hacia lo que llamamos las vías biliares y la vesícula biliar. Y luego hacia todos los canales del páncreas, todos esos canales que van a desembocar en el duodeno, en el intestino. Te conviertes, a tu ritmo, a tu velocidad, en toda esa parte del aparato digestivo. Esa parte que está ahí para acoger las cosas buenas necesarias para la vida. Cosas buenas que vienen de la tierra, ya sean frutos u otros muchos productos. Eres esa parte del estómago, el duodeno, las vías biliares, la vesícula, las vías pancreáticas. Eres esa parte de tu aparato digestivo que está ahí para transformar todo lo que viene de la tierra nutricia. Y también estás ahí para transformar todo lo que resulta muy difícil transformar, todo lo grasiento, lo indigesto, lo espeso. Transformar es importante.

La vida no es un pirulí de fresa ni un pedazo de pan. No todo es tan fácil de digerir como el amor, el azúcar o la dulzura. Hay cosas más pesadas, más grasientas, más duras de aceptar y comprender. Por supuesto que, inconscientemente, sabes de sobra que eres capaz de atravesar esas experiencias. Y también de digerir lo indigesto. Pues en nuestras vidas a veces ocurre que somos como ese gato al que remojan en una bañera. Esto puede suscitar una forma de cólera, de injusticia, de rencor. Al gato no le gusta el agua. ¿Con qué derecho lo meten en una bañera? ¿En nombre de qué me han hecho esto o aquello? ¡No es justo! Entonces las vías biliares van a ensancharse para dejar pasar más bilis. Las vías del páncreas van a dilatarse para permitir el paso de una mayor cantidad de jugo digestivo. La curvatura menor sufrirá una úlcera y se dilatará. El duodeno también se hinchará y desarrollará una úlcera. Todo esto para que haya más espacio.

Todos vivimos, en uno u otro momento de nuestra existencia, la experiencia de la ira, de la contrariedad en el territorio: alguien con quien me veo obligado a tratar y al que no quiero ver; algo que debo comer aunque no me apetezca hacerlo. Un colega con el que debo hablar pero con quien no deseo hacerlo y, sin embargo, lo haré. Entonces mi estómago sufre, pues me veo obligado a tratar con el colega con el que no quería tratar. Y si la ira y el rencor aparecen, las vías biliares se dilatan. Y si esto está ligado a la herencia, a la familia, será mi páncreas, los canales del páncreas, los que se dilatarán. Si es alguien a quien no soporto, será el duodeno el que sufra y el que desarrolle una úlcera.

Tu inconsciente revive una experiencia que tiene sentido para ti y que te permitirá ayudar a las personas que vas a conocer y que padecen afecciones en las vías biliares, el duodeno y el estómago.

2. Ahora posa una mano sobre el estómago y la otra hacia el hígado y el páncreas. Tus manos se deslizan con la ternura y la aceptación que le ofreces a tus órganos en esta hermosa relación.

3. Luego cobras conciencia de tus puntos de apoyo. Y de nuevo emprendemos el viaje.

IDENTIFICARSE CON... LA VEJIGA, LOS URÉTERES, LOS CÁLICES, LA PELVIS RENAL. ACARICIA TU VIENTRE Y LA PARTE INFERIOR DE TU ESPALDA

1. Ahora te propongo que te conviertas en la pelvis renal, los cálices, los uréteres. Estos conductos descienden desde los riñones y conducen la orina hasta la vejiga. La vejiga es como una bolsa, un saco, un odre; como un depósito de orina. Va a dilatarse y a contener toda esa orina. Esto resulta muy apropiado para marcar con tu olor los límites de tu territorio. Como un frasco de perfume que sostengo en mi mano para derramar unas gotas alrededor de la casa. Para indicar los límites de mi propiedad. Para indicarles a los demás que, una vez cruzados esos límites, ¡están en MI CASA! Les doy esa información, que equivale al foso de un castillo. Si se tratase de un país, estaríamos hablando de la aduana. Es una información olfativa para señalar que, traspasado ese límite, nadie podrá decir que no estaba prevenido.

El otro invade mi territorio, lo que me pertenece. Y estos cálices, esta pelvis renal, estos uréteres, esta vejiga, si poseo un territorio muy extenso, o si hay muchos invasores, van a dilatarse. En vez de tener un odre muy pequeño, tendré un gran odre. Tendré una cisterna a fin de aumentar el volumen de la vejiga y poder almacenar más orina para marcar un perímetro más extenso. Pues a veces hay gente que invade, que penetra, que entra en mi territorio. Y no los quiero dentro de los límites de mi territorio. No quiero que penetren en el interior de los límites de mi territorio, de mis marcas. Las que me he fijado.

Tal vez tengas un recuerdo, una experiencia en la que tu emoción, tu espíritu, tu cerebro, tu resentido y tu vejiga vivieron un trance así. El otro se excedió, se pasó de la raya.

2. Tus manos localizan tus riñones y les transmiten de forma fluida el amor y la dulzura; luego se deslizan hacia la vejiga y le ofrecen todo lo positivo en una relación que es la mejor posible.

3. Retomas el contacto con lo que te rodea. Respiras ampliamente. Sabes que puedes integrar tus nuevos conocimientos. Confías en tu inconsciente y en tu consciente.

IDENTIFICARSE CON... LA GLÁNDULA TIROIDES. ACARICIA TU CUELLO

1. Ahora, muy rápidamente, de forma urgente y precipitada, vas a convertirte en tu glándula tiroides. ¡Deprisa, deprisa! Te convertirás en esa parte por la que transita la hormona tiroidea, la hormona de la velocidad, de la urgencia; en esos canales que conducen esta hormona hacia la sangre, hormona fabricada por la tiroides. Te conviertes en tu tiroides, pues las circunstancias te obligan a ello. Hay un tren que llega a toda velocidad, a toda marcha. Hay un peligro que ves venir: alguien que se abalanza sobre ti. Muy pronto vas a tener un problema con tal o cual persona. Hay que actuar deprisa, muy deprisa. Desgraciadamente, te crees incapaz, te ves impotente para solucionar el problema.

Y es la tiroides la que se dilata a fin de dejar pasar más tiroxina, la hormona que podrá acelerar y obligar a acelerar todos los ritmos en el interior del cuerpo: «Frente al peligro, hay que actuar rápido. Me siento impotente, incapaz de reaccionar. Y nadie hace nada. Es urgente. Estamos en peligro».

Y en tu existencia, tu parte femenina, señora, tu lado femenino, señor, ha vivido o vive este tipo de experiencia de impotencia. Y ahora dejas que tu inconsciente encuentre una escena, un recuerdo que te permita vivir esto desde el interior.

2. Mientras tanto, una mano o las dos se toman todo su tiempo para posarse pacientemente con una oleada de amor sobre esta glándula tiroides, y así durante un momento de eternidad.

3. Retomas contacto con tu entorno. Respiras profundamente varias veces.

IDENTIFICARSE CON... LA LARINGE. ACARICIA EL NACIMIENTO DE TU CUELLO

1. Puedes sentir el aire libre que pasa por tu laringe; el aire que entra, y sobre todo el que sale, para hablar, cantar, gritar, llamar pidiendo socorro, manifestarse; esta laringe que te permite manifestar tu identidad, pues cada una y cada uno de nosotros tenemos un timbre de voz especial que expresa nuestra identidad hormonal, sexuada: hombre, mujer. Esta identidad ligada con tus vivencias de anciano, adulto, adolescente, niño. Te conviertes en tu laringe. Tu parte femenina, señora o señor, está en contacto con ella. Te conviertes en ese lugar de paso, ese lugar de llamada en caso de peligro. Estoy en pleno cielo, en un avión que cae... Tengo un miedo atroz, terror, espanto. Estoy en el elemento aire. Tengo tanto miedo que, bien me he quedado sin voz, pues el peligro es demasiado grande y tengo demasiado miedo, bien me siento solo, separado. Y entonces llamo para estar en contacto con alguien, a fin de escapar a ese miedo, a ese terror.

Tu espíritu reconoce esa sensación a través de una experiencia pasada en la que estuviste aterrorizado/a.

2. Libremente, con toda confianza, tus manos vuelan hacia tu cuello y acaricias tu laringe para transmitirle palabras, susurros de amor y de paz.

3. Retomas contacto con tus puntos de apoyo.

IDENTIFICARSE CON... LAS VENAS CORONARIAS, EL CUELLO DEL ÚTERO, LA VAGINA. ACARÍCIATE DESDE EL CORAZÓN HASTA EL BAJO VIENTRE

1. Ahora vas a asociarte en conciencia y en sensaciones con varias partes de tu cuerpo. En primer lugar, con las venas coronarias, esos tubos que drenan el corazón para sacarle todo lo que hay de impuro, de sucio en ese territorio, en ese hogar, en ese amor que no está limpio. Las venas coronarias van a eliminar todas esas «porquerías» que no le sientan bien.

Luego, señora, te conviertes en el cuello del útero, esa porción entre la matriz de la creación, el útero y el lugar de acogida del compañero, la vagina. Ese lugar por donde transita la vida. También te transformas en la vagina, ese lugar de paso de tu compañero primero y luego del recién nacido.

Es importante pertenecer a un compañero. «Soy la compañera, por tanto estoy en la "pertenencia". Es importante ser de alguien, ser la compañera de alguien. En una buena dependencia, bien vivida, feliz. A veces estoy en una mala dependencia. Primero recibo amor y luego dejo de recibirlo. Lo recibo de nuevo y dejo de recibirlo. Estoy enamorada de este hombre; el amor es irregular y, en consecuencia, el corazón se acelera».

Las venas coronarias se dilatan para eliminar todo lo que me disgusta en este territorio, en esta pareja, en este acoplamiento; me siento frustrada, dependiente sexualmente; o distanciada sexualmente de mi compañero. Y el cuello del útero se ulcera, se dilata como para que haya más espacio, como para acoger, acoger mejor y más. La vagina, como una puerta que se abre de par en par, se convierte en un lugar de acogida.

Y en tu sensibilidad femenina, señora, en tu sensibilidad femenina, señor, transfórmate en esas venas coronarias. Transfórmate en cada parte de tu cuerpo a nivel del cuello del útero, de la vagina, de las venas coronarias. Y tu sensibilidad se convierte igualmente en una parte de tu historia en un momento dado de tu vida.

2. Una mano se posa sobre tu corazón, que solo pide amor puro, y la otra mano, señora, va hasta tu bajo vientre para transmitirle al cuello del útero y a la vagina un hermoso amor en una gran relación: «Eres mi preferida».

3. Respira.

Identificarse con... el recto. Acaricia tus nalgas

1. Ahora vas a poder explorar personalmente otra parte de tu cuerpo, otros resentidos, otros recuerdos. Eres tú en tu identidad, en tu ser único, personal. Pues tú existes. Cada una o cada uno de nosotros tiene una identidad y un lugar propio. E igualmente tienes un recto, en la prolongación del intestino, que sale hacia el exterior. Para el niño, su primera «caca» es la expresión de él mismo, de su identidad, de su ser. Es lo que va a ofrecerle a su mamá, que la espera. Que espera que sea propia. Eso quiere decir que él es alguien con su propio ser. En efecto, hablamos de propiedad. El recto es: «Tengo mi lugar. Existo». Por algo, cuando salimos de casa, a veces no vamos al baño. «No estoy en mi casa. No defeco en casas ajenas. Espero a llegar a mi casa. En ella yo existo y se produce la hecatombe». Es el recto. Es: «Tengo mi identidad. Tengo mi lugar en el territorio. Y lo manifiesto en medio del territorio. Ya supe marcar los límites con mi orina. Ahora voy a depositar mis excrementos en medio del césped».

Es la identidad, la manifestación del ser, y esto está asociado con el recto. A veces se ve dificultado, prohibido. «Me siento en fuera de juego, dejado de lado. En ese momento, esta parte quedará anestesiada. Me fuerzan a sentirme separado de mí mismo, exiliado de mí mismo. Estoy ahí, con el culo entre dos sillas, en un callejón sin salida». Y es el recto quien va a manifestarlo desarrollando úlceras.

Puedes encontrar un momento de tu vida, una experiencia vivida, señora, señorita, señor, en tu sensibilidad femenina. Sigues sintiendo lo que significa estar en fuera de juego, no poder manifestar tu identidad.

2. Mientras estableces contacto con ese punto culminante de la relación que es el amor, tus manos se dirigen respetuosamente hacia tus nalgas y encuentran su lugar alrededor del ano para decirle que existe, que es importante; para enviarle amor.

3. Retomas contacto con tus puntos de apoyo. Con cada nueva inspiración retomas contacto con tu entorno.

IDENTIFICARSE CON... LA VEJIGA (VERTIENTE FEMENINA). ACARICIA TU BAJO VIENTRE

1. Conviértete, ahora, en la parte de la sensibilidad femenina de la vejiga. Anteriormente ya viviste la sensibilidad masculina, situada en el córtex derecho. En él es el hombre el que marca los límites del territorio, el que planta los cipreses, instala la verja y construye el soportal y los muros. Él se ocupa de esas cosas. Tal vez por eso hay más hombres que mujeres en las aduanas. La mujer es la que organiza el interior de los límites del territorio. Es ella la que pondrá los geranios en las ventanas, las cortinas y tantas otras cosas. Ella organiza el interior de los límites del territorio. Es su forma particular de marcar con su huella, con su identidad, el perímetro de su territorio. La vejiga va a coincidir con esto, va a manifestarlo.

Puedes sentir un instante en tu vida en el que no pudiste organizar el interior de la casa a tu gusto, como lo habías planificado.

2. Tus dos manos se organizan de forma precisa y fluida alrededor de tu vejiga, y se posan sobre el bajo vientre para transmitirle amor.

3. Respira ampliamente y retoma contacto con tus apoyos exteriores.

RESUMEN DE LOS CONFLICTOS BIOLÓGICOS PRESENTADOS EN ESTE PROTOCOLO

Parte masculina, lado derecho del cerebro

Los ganglios nobles: «Mi cuerpo puede abandonarme, puede fallarme».

Los bronquios: territorio amenazado.

Las arterias coronarias: pérdida de territorio. El territorio está casi perdido.

Estómago, vías biliares, pancreáticas: ira, rencor, contrariedad en el territorio. Algo inaceptable.

La vejiga masculina: marcar el territorio.

Todos estos conflictos, en el lado derecho del cerebro, son resentidos masculinos, del hombre masculino, de la mujer masculina.

Parte femenina, lado izquierdo del cerebro

La tiroides: impotencia ante el peligro.

La laringe (junto a los bronquios en el lado masculino, también forma parte del aparato respiratorio vinculado con el aire, con el gas): miedo atroz, terror, espanto, estar sin aliento.

El cuello del útero, las venas coronarias (ligadas al fuego: los fuegos del amor, los fuegos del corazón, los fuegos sexuales, frente a las arterias coronarias del lado masculino): frustración sexual, nociva dependencia sexual en el sentido de la identidad sexual.

El recto (los alimentos vuelven a la tierra; venían de la tierra, los comimos, los pusimos en el estómago, del lado masculino. Vuelven a la tierra, del lado femenino): apartado, en fuera de juego en tu propio territorio.

La vejiga, los uréteres, los cálices, la pelvis renal: no puedo organizar el interior de mi territorio como me gustaría.

Protocolo Dormilón n.º 9
Los dos planetas de nuestro inconsciente

- Nivel de dificultad: hamaca.
- Indicaciones: este protocolo será operacional incluso para las personas con poca memoria o que presenten gran resistencia, siempre que quieran trabajar sobre sí mismas, evolucionar, mover las cosas, transformarse, aunque tengan un acceso muy limitado a su inconsciente.

  Este protocolo también puede servir como demostración pedagógica del hecho de que no hacemos más que proyectar nuestro interior al exterior, de que solamente hablamos de nosotros mismos.

  Por otra parte, el protocolo nos permitirá trabajar de forma metafórica en una transformación interior de nuestras creencias.
- Condiciones de realización: solo o entre dos.
- Tiempo necesario: 30 minutos.
- Materiales: lápiz y papel.

Introducción

Este protocolo utiliza la noción de transferencia y de metáfora.

La transferencia

Lo único que podemos hacer es hablar de nosotros mismos. Cuando creemos estar criticando a alguien, en realidad es a una parte de nosotros mismos que rechazamos, una parte que nos hiere, que nos molesta o que, por ejemplo, nos falta. Lo que Freud llamó transferencia es un fenómeno cotidiano. No está confinada únicamente en las consultas de los terapeutas. Es una forma de creer que estamos en relación con el otro cuando lo que de verdad sucede es que estamos en relación con nuestra historia.

El rol de la transferencia es el de tratar nuestros problemas no solucionados en la pantalla de proyección que llamamos el otro. La transferencia es una conducta natural, inconsciente, automática, necesaria para dotar de sentido y así comprender nuestras experiencias personales. Por tanto, cuando yo evoco un recuerdo de infancia que se desarrolló en la clase del colegio, tú, lector, ¿acaso no piensas de inmediato en una parte de tu historia vivida en el colegio? O si evoco a mi abuela, ¿quién no crea al instante la imagen de su propia abuela, real o fantasmática?

Las metáforas

Existen metáforas de muchas clases: un cuento, un regalo, un acto simbólico, una leyenda, un mito, una parábola... Pero ¿qué es una metáfora?

Una metáfora es algo que habla de otra cosa. Un ramo de flores habla de amor, es decir, el ramo es la metáfora del amor que tal persona siente por tal otra. El mito de Narciso es la metáfora de una estructura psicológica. Una palabra escrita, leída, es la metáfora de un concepto, de un objeto: «pereza», «coche», «mamá». La enfermedad es una metáfora, la metáfora de una historia conflictiva.

PROTOCOLO

Vas a responder a las preguntas de esta historia a medida que aparezcan y escribirás espontáneamente lo que se te pase por la cabeza cada vez que encuentres una línea de puntos suspensivos. Idealmente, este protocolo se realiza entre dos personas: una lee y la otra escribe.

Respecto a la última pregunta, sería conveniente compartir tu respuesta con un terapeuta.

Metáfora: «Transportado a la aventura más increíble de mi vida».

Esta es la historia de un hombre que ama la tranquilidad y odia las complicaciones. Prefiere la rutina, lo previsible, a cualquier otra cosa.

Un día oye comentar que en la ciudad vecina la gente desaparece sin dejar ningún rastro.

Esta historia, por alguna razón desconocida, le interesa, le intriga. La verdad es que le apasiona y al mismo tiempo le espanta. Desea saber más al respecto, sin por ello dejar de resistirse a este movimiento interior. Se siente como dividido en dos partes. A veces gana el miedoso y oculta todas las informaciones en torno a este asunto. A veces domina la parte aventurera, la parte curiosa, y entonces se dedica a rebuscar hasta el dato más insignificante sobre estas desapariciones.

Esta parte aventurera incluso lo conduce un día hasta las oficinas de un periódico para hablar con el reportero encargado del caso. Así se entera de que todos esos sujetos corrientes, que no tienen nada en común, desaparecen en un barrio preciso de la ciudad, todas las mañanas, entre las ocho y las nueve. La angustia que habita en él reacciona; da media vuelta y finge que no ha pasado nada. Vuelve a su trabajo, donde pronuncia las frases de costumbre. Pero su otra parte sí ha oído al periodista.

Una mañana, se levanta más temprano de lo habitual y hacia las siete y media se acerca al misterioso barrio, que, en apariencia, no tiene nada de raro. Cuando su reloj marca las ocho y media, una mujer muy hermosa entra en una cabina telefónica y descuelga el auricular con una más que extraña sonrisa, comparable a la de la Mona Lisa. Un segundo después, la mujer ya no está, o ya no está bajo la misma forma, o está en otra dimensión. En todo caso, nadie sujeta el auricular del teléfono, que cuelga de su cable. El hombre retrocede un paso, avanza dos pasos, retrocede tres pasos, avanza cuatro y a las nueve menos un minuto está dentro de la cabina telefónica. Coge el auricular y, sin poder controlarlo ni estar de humor, sus labios exhiben a su vez una espléndida sonrisa.

Un instante después se encuentra en un mundo desconocido, extraño, en otro planeta. La impresión que todo aquello le transmite es **desagradable**.

A su alrededor, todo el paisaje que puede observar es: ....

Los aromas que le llegan son: ....

Divisa a unos cuantos habitantes de aquel desagradable planeta. Al detallarlos observa que: ....

Pero aprenderá a conocer a esos hombres y mujeres, a comunicarse con ellos. Descubre un hecho asombroso. Todos, absolutamente todos, tienen el mismo punto débil, que es: ....

Al ganarse la confianza de uno de esos hombres, este le confía un día que el problema del planeta es: ....

Y, sobre todo, hay algo que nadie ha podido solucionar, que es: ... .

En este planeta se da un hecho curioso: un personaje muy importante vive prácticamente solo. Padece un trastorno muy raro y fatigoso. Es una persona inaccesible; pero, no se sabe por qué, nuestro héroe decide visitarlo. No piensa en otra cosa más que en ese encuentro; es como una intuición. Necesitará mucha perseverancia, ingenio y paciencia para que un día, por fin, el encuentro se produzca en un lugar secreto; y todavía necesitará más paciencia y confianza para lograr que aquel personaje formule algunas palabras. Hasta el día en que, por increíble que parezca, el hombre le cuenta su secreto; tal vez porque se siente en confianza, tal vez empujado por la desesperación o, simplemente, porque por primera vez se siente comprendido. Sea como fuere, le cuenta su secreto, que es: ....

Y esto es lo que relata: ....

Tras la conversación, nuestro héroe siente que algo ha concluido y que ha llegado el momento de volver a la cabina telefónica, y, sin duda, a su casa. Pero eso no es lo que el destino ha decidido para él. Nuestro hombre encuentra la cabina y, al descolgar el auricular, la misma sonrisa lo arrebata y, acompañado por un débil crepitar sedoso, de pronto se halla en un nuevo planeta que parece absolutamente **perfecto** desde cualquier punto de vista, superior a todos sus sueños, a todos sus deseos, a todos sus fantasmas más secretos. Esto es lo que observa a su alrededor. En este nuevo planeta, hasta ahora jamás visitado, en el que todo es hermoso, estos son los sonidos, los olores, los perfumes que llegan hasta él: ....

Pero, sobre todo, las personas que observa gozan de buena salud y se ven felices en la vida. Su secreto es: ....

Un habitante le explica con toda naturalidad que su punto fuerte es: ....

Y, más concretamente, este órgano: ....

Nuestro hombre, esta vez, no siente el menor deseo de abandonar el planeta en cuestión. Es como si hubiese alcanzado un punto exquisito, la culminación de la felicidad.

Pasa el tiempo y, un día, un embajador del planeta desagradable llega en misión con una petición muy concreta. En efecto, solicita ayuda. Y su petición es: ....

Durante un buen rato se produce un barullo inhabitual, como si una onda recorriese todo el planeta perfecto. Entonces la onda alcanza la perfección y vuelve hacia el embajador. Todo el pueblo ha oído su petición y esto es exactamente lo que proponen: ....

A fin de facilitar los intercambios entre los dos mundos, buscan un medio de transporte rápido, sencillo, para que los dos universos puedan comunicarse. Consultan a nuestro héroe para poner a punto el medio más adecuado. Esto es lo que deciden: ....

Durante algún tiempo, los intercambios, las comunicaciones, los movimientos ininterrumpidos se producen entre los dos planetas en medio de idas y venidas incesantes. Esta conexión se utiliza con frecuencia.

Y así, una generación entera de habitantes se mezcla gracias a los encuentros, los matrimonios. Nuestro hombre, un buen día, inevitablemente siente en él la curiosidad de visitar de nuevo el antiguo planeta desagradable. Entonces utiliza a su vez ese medio de transporte, y allí, al desembarcar en aquel mundo, esto es lo que constata: ....

Constata, igualmente, la transformación de los habitantes y de sus hijos.

Fue por esa época cuando se descubrió un nuevo planeta habitable y, al parecer, acogedor. El número creciente de habitantes facilitó que una parte de ellos se expatriaran en aquel nuevo mundo. Y nuestro hombre quiso sumarse a esa corriente. Al llegar al planeta recién descubierto, ve: ....

Escucha: ....

Huele: ....

Es como si en este nuevo mundo recibiera el siguiente mensaje: ... .

De inmediato germina y se expande en él una nueva creencia fundamental. Su nueva opinión sobre la vida es que: ....

Es en ese momento cuando su mirada, perdida en la lejanía, tropieza con la estructura geométrica de una cabina telefónica. Parpadea varias veces y sin dudarlo se dirige hacia ella, descuelga el auricular y de nuevo se halla en el lugar preciso de su punto de partida. Sale de la cabina y mira a su alrededor. De algún modo, nada ha cambiado; de algún modo, todo ha cambiado.

Y entonces comprende: ....

Va en busca de su coche y se dirige exactamente hacia el lugar que tú ocupas en este momento. Llegó al mismo tiempo que tú al sitio donde estás ahora. Pues ese viajero… ¡eres tú!

Con un terapeuta

¿Qué relación estableces entre tus respuestas y tu vida?

Expresa igualmente tu impresión tras esta experiencia.

Protocolo Dormilón n.º 10
Los regalos de mis ancestros

- Nivel de dificultad: sillón.
- Indicaciones: reconciliarse con nuestros padres, con el árbol, con nuestros ancestros tanto del lado paterno como materno; *emparentarse* de nuevo y acceder por fin a unos recursos cuya existencia ni siquiera sospechamos, pero que pueden ser muy poderosos.
- Condiciones de realización: se requieren forzosamente dos personas: mientras una lee este protocolo añadiendo su propia poesía, la otra experimenta desde su interior todo lo que se dice.
- Tiempo necesario: 40 minutos.
- Materiales: ninguno.

Introducción

Hay numerosos textos consagrados a la psicogenaología, además de terapeutas y formadores especializados. En lo que he explorado hasta hoy, ya se trate de las obras de Anne Ancelin-Schützenberger, Serge Tisseron, Salomon Sellam, Hervé y Mireille Scala, Bert Helinger, Paola del Castillo y muchos otros, la atención se concentra en el problema surgido a raíz de un antepasado enfermo, afligido o, en todo caso, con un secreto difícil de superar, de solucionar.

La idea de este protocolo es muy simple. Todos tenemos decenas, centenares, millares de antepasados, de ancestros, de tatarabuelos conocidos y, sobre todo, desconocidos. Y en esa multitud de ante-ante-antepasados cuya sangre circula por nosotros y cuyos genes se duplican, se han duplicado hasta nosotros y siguen haciéndolo en nuestro interior a cada instante, entre esa multitud hay, por supuesto, un buen número de enfermos que llegan hasta nosotros, pero también hay un número aún mayor de seres maravillosos, sencillos, buenos, afables, prudentes, sanos o con otras muchas cualidades que su entorno les reconocía. Entonces, ¿por qué no ser también conscientes de esto? Ser conscientes de esos recursos que están en nosotros gracias a ellos.

Para ello basta con aceptar el encuentro.

Es lo que te propongo que hagas ahora. Se trata de una forma de relajación, de interiorización. Para aprovechar lo más enteramente posible este protocolo, los terapeutas más experimentados utilizarán la hipnosis, la relajación, la sofrología, a fin de permitirle al sujeto ir siempre hasta lo más profundo de su interior, de su inconsciente, de sus células, ya que es justamente en el centro de la célula donde se encuentra lo más inconsciente de nuestro inconsciente, en el corazón de nosotros mismos, en nuestros núcleos: los genes, es decir, nuestro ancestros.

PROTOCOLO

1. Te propongo que adoptes la posición física más cómoda, la más agradable que seas capaz de encontrar. Si quieres, puedes moverte para sentirte aún más relajado, o permanecer totalmente inmóvil si es lo que mejor te funciona.

2. Los ojos pueden estar abiertos, entreabiertos o cerrados; la boca, ligeramente abierta; la respiración, libre, mientras tu espíritu decide visualizar el paisaje de tu elección, en el que puede haber sonidos, olores y, sobre todo, un camino. Puede tratarse de un sendero, de una carretera, de un río; o, si así lo prefieres, de una callejuela, de una autopista o de los pasillos de una casa.

3. Sea como fuere, sigue ese camino, que te permitirá remontarte en el tiempo, remontar el curso de tu vida. De zancada en zancada, te diriges hacia el momento de tu concepción, que se parecerá a una encrucijada, una confluencia, un lugar donde dos pasillos, dos caminos, dos carreteras, dos ríos se juntan. Uno es de tu genitora y el otro de tu genitor.

a. Ancestro masculino

a.1. Ahora tomas conciencia de tu objetivo: contactar con un ancestro hombre que ha sido alguien muy importante, muy valeroso, un sabio o un santo. En cualquier caso, alguien que hizo el bien a todos los que lo rodeaban, alguien benévolo, bueno, dulce. Al estar cerca de él, cualquier ser humano se sentía confortado y encontraba respuesta a sus preguntas más secretas y más íntimas, sin necesidad, la mayor parte del tiempo, de hablar. A veces con un gesto, una mirada, un presente, una frase o cualquier otro ademán, algo profundo, luminoso, pasaba de ese ser a cada persona del auditorio. Tal vez era alguien simplemente bueno. Y como en cualquier familia, también en la tuya existe un ancestro con esa presencia, con esa cualidad. Forzosamente es alguien que no conoces, al que nunca has visto y del que nunca has oído hablar. Tal vez vivió hace un siglo o hace mil años, o quizá más.

a.2. Ahora que estás en la encrucijada de los dos caminos, tu corazón, tus genes, tu intuición te dirige, bien a la derecha, bien a la izquierda, del lado de tu genitor o de tu genitora, de tu padre o de tu madre. Vas a remontar ese sendero, ese camino hasta otra encrucijada, hasta otro lugar donde un día dos caminos se juntaron, hace mucho tiempo.

a.3. Como esto resulta muy sencillo, te dejas ir hacia la derecha o hacia la izquierda hasta la siguiente encrucijada. Y así, de encrucijada en sendero, de sendero en encrucijada, llegas hasta un lugar desconocido y a la vez extrañamente conocido, en presencia de ese hombre cuyo rostro descubres. El personaje te resulta a la vez familiar, lejano y tan próximo... El momento que vives ahora es muy importante; no hay necesidad de hablar o de guardar silencio, simplemente estar ahí, en su presencia, y alentar lo que haya que alentar, decir o no decir, hacer o no hacer. Y el tiempo se inmoviliza más allá del tiempo en esta presencia que tan provechosa te resulta, de la que puedes colmarte, como si fuese una herencia al fin encontrada, como un don que esperabas, pues este hombre es como un padre que solo quiere lo mejor para ti y así te lo demuestra, simplemente.

a.4. Hay un regalo específico solo para ti. No sé si es un objeto, una palabra, un gesto o cualquier otra cosa. Sí sé que es muy importante que aceptes recibirlo, hacer tuyo lo que está ahí. Por supuesto, todo es posible, y a su vez tú puedes ofrecerle algo, o hablarle, o hacerle una pregunta delicada que tal vez él ya te ha respondido sin que lo sepas realmente.

a.5. Mientras todo esto sucede, e incluso más cosas, ahora ya conoces el camino, y esto es muy importante: ser consciente de que volver a verlo cuando lo desees o cuando lo necesites es cosa tuya, de forma consciente o inconsciente. Por supuesto que él te esperaba y te esperará, siempre disponible. Esto te va a permitir darle las gracias, despedirte y tener la sensación de que os separáis. Cada palabra, cada gesto, cuenta ahora, en el instante de la partida. Tu corazón conocía el camino; tu cuerpo volverá a dar con él.

a.6. Luego, poco a poco, desandas el camino y vuelves hacia tu vida. De sendero en encrucijada, de encrucijada en camino, de camino en encrucijada, de encrucijada en pasillo, tal vez, reconoces el paisaje en el otro sentido. Ese paisaje que te conduce de generación en generación, de ancestros en ancestros, hasta ese instante de tu concepción.

Algo ha cambiado, ya no eres realmente el mismo; el camino es idéntico, pero tu mirada no. Ahora estás en el comienzo de tu propia vida, la que se inicia con tu concepción y te dirige hasta hoy, hasta ahora.

Mientras tanto, respira profundamente, hoy, aquí y ahora.

b. Ancestro femenino

b.1. Y, como bien sabes, en toda familia ha habido mujeres, y una en especial, fuera de lo común, excepcional. Tal vez la gente emprendía largos viajes para conocerla, para recibir un consejo, una palabra de ánimo, o para oír su risa volando hacia las estrellas con mágicos destellos. Era una mujer que comprendía con una mirada y tenía la palabra acariciadora y el gesto indicado, calmo y sosegado. O bien era una mujer muy natural y madura. En cualquier caso, hacía el bien a todos los que la rodeaban. Y esa mujer es tu ancestro. No la conociste, y, de todas las personas de tu familia viva, nadie la conoció, y nadie ha podido hablarte de ella hasta este día. Ignoro si vivió hace cinco, diez, treinta generaciones o más. Pero lo que sí sé es que estás ligado a ella por cada una de tus células, pues una parte de ella está en ti, y si bien tú no la conoces, ella sí te conoce a ti. Solo quiere lo mejor para ti, lo más dulce.

b.2. Y puesto que ya estás listo, ha llegado el momento de remontar el curso del tiempo y el camino de tu vida. Has elegido un paisaje o él te ha elegido a ti. Estás en una carretera o en un río cuyo curso remontas (a menos que se trate de un corredor en un inmenso castillo). El paisaje cambia a cada paso. Cada vez te acercas un poco más a una encrucijada. La encrucijada de los tres caminos, de las tres vías: la tuya y las de tus padres. Tu corazón sabe qué camino seguir para llegar hasta esa mujer.

b.3. Simplemente avanzas hacia la derecha o la izquierda, avanzas por ese nuevo camino de la vida de tu familiar, que te conduce hacia otro claro del bosque en el que desembocan dos caminos, y eliges uno que te conduce a otra encrucijada. Y así, de camino en encrucijada, de encrucijada en camino, te acercas a ella, a la mujer que necesitas. Todo está bien, puesto que ella, especialmente hoy, ahora, está ahí para ti, disponible.

b.4. El instante es raro, precioso, solemne o de lo más sencillo, pero auténtico. Disfrutas de este descubrimiento a la vez *nuevo* y *conocido*. Disfrutas de lo que ves, de lo que escuchas, de lo que sientes, simplemente. Cada célula, cada parte de tu cuerpo, absorbe lo que esperaba desde hace mucho tiempo, lo que cada célula necesita y a lo que tenía derecho.

b.5. Es posible que la mujer tenga un regalo solo para ti, una palabra que va a ayudarte, una respuesta a las preguntas que ni siquiera sabías que te hacías y que, sin embargo, son muy importantes. Ahora te hallas fuera de ese territorio que llamamos el tiempo para vivir en una comunión, en un verdadero intercambio.

b.6. Recibe su regalo, su presente, que así podrá acompañarte en cada instante de tu vida.

b.7. Ha llegado el momento de despedirte de ella sabiendo que eres totalmente libre de volver a verla, que ella está preparada para recibirte, puesto que siempre lo ha estado. Ahora eres tú quien está listo/a y disponible.

b.8. Entonces, tras darle las gracias por todo y decirle adiós, emprendes el camino de regreso, que es un camino de crecimiento, de luz y de sinfonía que ahora te conduce hacia una encrucijada y a otros caminos, mientras reconoces y descubres el paisaje que te rodea y te guía hacia el instante de tu concepción.

4. Y por eso realmente te apetece respirar y aprovechar bien todo lo que está en ti y te llena, pues ahora estás

en contacto a la vez con el regalo de esa mujer, que es
como una madre,

y en contacto con el regalo de ese hombre que es como un padre,

y vas a crecer con la sensación de sus presencias
benévolas en ti
y alrededor de ti.

Dos presencias que te guían hasta
el ahora,
hasta el mañana
y mucho más allá.

¡¡¡Buen viaje!!!

Protocolo Dormilón n.º 11
Curar nuestras viejas heridas

- Nivel de dificultad: taburete.
- Indicaciones: tratar nuestras heridas en su origen.

  Para esto hay que ser capaz de remontarnos en nuestra historia personal a fin de explorar de una forma nueva todo lo que salió mal y que, a día de hoy, aún no está resuelto.
- Condiciones de realización: entre dos personas o, aún mejor, en grupo.
- Tiempo necesario: 40 minutos como mínimo.
- Materiales: lápiz y papel.

Introducción

Podemos decir que vivir es tener experiencias
y que bien vivir es llevar hasta el final, en completitud,
cada experiencia. En consecuencia, malvivir es tener tras de ti, en tu inconsciente, en tu historia, una suma más o menos importante de experiencias que no han sido totalmente elaboradas, resueltas, concluidas. Esto crea un sufrimiento potencial, ya que es como si una parte de nuestro inconsciente aún estuviese en contacto con esa vivencia dolorosa a fin de solucionarla.

De ahí que cuando en nuestro presente surge un elemento (por ejemplo, un grito) que fue fuente de estrés en nuestro pasado (por ejemplo, una pelea entre nuestros padres), es toda esa emoción del pasado la que nos asalta; entonces reaccionamos de la forma más perfectamente adaptada... a un evento que no está sucediendo. Pretendemos hacer creer que es el presente lo que nos irrita, lo que nos entristece, pero emocionalmente vivimos en otro tiempo, en otra época, y allí estamos solos. El drama es que todo esto es inconsciente y que no comprendemos por qué los demás están tan lejos de nosotros. ¡Pero es que no estamos en la misma película! Ellos también están en su drama y en su época de estrés, o puede que en una etapa de alegrías.

Esto crea, evidentemente, sorpresa, desconcierto o violencia entre los que nos rodean. Nuestro comportamiento es, sencillamente, inadecuado, excesivo (tanto más cuanto que los otros también están en su pasado, distinto al nuestro).

Ejemplo

Alguien me habla alzando un poco la voz; mi inconsciente se acuerda nítidamente de un profesor que me gritaba de forma injusta y que esto me aterrorizaba, me enfurecía; era una emoción que yo no sabía ni podía expresar. El vecino me habla alto; me asusto y empiezo a gritar, pero no a mi vecino, sino a mi profesor. Esto puede crearle un trauma a mi vecino o despertar en él una vieja reminiscencia.

Este ejercicio te propone solucionar esas viejas reminiscencias, o al menos alguna de ellas, a través de un viaje con una mirada nueva y con la ayuda de nuevos recursos.

Algo en lo que pensamos muy poco es que ahora contamos con más recursos de los que teníamos en el periodo de nuestros traumas pasados, recursos perfectamente adecuados para solucionarlo todo. Además, la mayoría de nosotros tenemos la misma edad, o incluso somos mayores, que los que nos traumatizaron. Ejemplo: «Cuando tenía seis años, un maestro que tendría unos treinta me aterrorizaba, y hoy tengo más de cuarenta».

Otra idea de este protocolo es que a menudo los que nos lastimaron fueron a su vez, y mucho antes que nosotros, víctimas de otros verdugos.

De modo que, si estás preparado para el viaje, ¡bienvenido!

Etapas del protocolo

1. Adopta una posición cómoda

2. En un medio de transporte

Imagina que estás en un medio de transporte, el que elijas, viajando hacia un nuevo destino completamente desconocido para ti. Te sientes preparado para este viaje, y confiado.

3. En un mundo de estatuas

El viaje se desarrolla de forma agradable. Cuando abres los ojos, tienes una sensación de familiaridad y, al mismo tiempo, de novedad. Te paseas observando lo que te rodea y, de pronto, te hallas en un lugar que una parte de ti reconoce. Es una parte de tu historia que se desarrolla de nuevo... ¿Qué ocurre? Todas las personas que hay en ese lugar están totalmente inmóviles. Sin duda están vivas, pero también petrificadas como estatuas.

4. Cara a cara con el que me hizo sufrir

Las sorpresas aún no han terminado. Ahora reconoces a tus educadores, a tus profesores, a tus padres, a los adultos que formaban tu entorno durante toda tu infancia; también ves a varios escolares.

Y al acercarte a ese profesor, rejuveneces justo hasta la edad que tenías cuando él te traumatizó; por fin ha llegado el momento de gritarle, de llorar, de decirle a la cara todo lo que hubieses necesitado decirle. Ahora es el momento de hacerlo...

5. Liberarse de todas las viejas emociones

Una vez que has exteriorizado toda esa emoción que estaba en ti, tu cuerpo, por fin, puede crecer hasta hoy y permitirte que te encamines hacia otra persona que también te traumatizó en otro periodo de tu vida.

6. Aumentar tu espacio interior

Al acercarte a esa otra persona, rejuveneces hasta la edad que tenías cuando fuiste lastimado, herido o abandonado por esa persona. Ahora eres libre, estás cara a cara con esa madre, ese padre, ese jefe, esa cuidadora, ese hermano o hermana, ese familiar, ese vecino, ese sacerdote, y es el momento de volcar toda tu emoción en forma de gritos, lágrimas, gestos, palabras o incluso con un dibujo, a fin de aumentar en ti el espacio de libertad y de felicidad. Y de encuentro en encuentro, vives una liberación tras otra.

7. Luego, al fin liberado, puedes a tu vez, en este mismo paisaje, permanecer inmóvil con la edad que tienes hoy.

8. Nuestros verdugos fueron niños inocentes

Y, ¡sorpresa!, lo habías olvidado, ¿verdad?, pero todos esos adultos un día fueron niños, bebés. A ellos también los hirieron otros adultos que, a su vez, fueron niños lacerados por otros adultos. Mira a tu alrededor, fíjate bien en esas estatuas que se transforman y se convierten en niñas pequeñas, en niños pequeños, en bebés, en recién nacidos. Mira cómo padecen lo que ellos o ellas padecieron.

9. Caminar entre esos niños

Camina de forma natural, tranquilizadora, hasta que esos niños se dirijan hacia ti, hasta que vengan a tu encuentro. Ahora que eres capaz de aceptar esa relación, observa todo lo que cambia en tu interior.

10. Compartir

Comparte con alguien y anota por escrito todo lo que has descubierto con este ejercicio, todo lo que has aceptado dejar que se transforme en ti.

EPÍLOGO

Blancanieves no tenía ni la más remota sospecha de todo lo que acaba de descubrir sobre sí misma. Y además, su idea de una terapia estaba completamente equivocada. Aunque nunca había hecho una, tenía, sin embargo, un montón de ideas fijas: «Una terapia dura mucho tiempo... Sale muy cara... Además, no siempre funciona; en realidad, nunca funciona... Nunca cambiamos... La terapia es dolorosa, siempre terminas llorando... Estás peor después que antes... En la terapia despiertas viejos recuerdos ya zanjados... Sufres para nada... Hacer una terapia es difícil, exige grandes capacidades; hay que ser inteligente, saber responder a las preguntas...».

¡Pues no! De verdad que no. La terapia con los profes Feliz y Dormilón fue muy distinta a todo eso. Se aprende un montón de cosas muy sencillas, llenas de sentido común; descubres los tesoros que hay en ti. Y como quien no quiere la cosa, te curas de lo que creías solucionado y que sin embargo te hacía sufrir mucho. *Sufrir – abrirse – recuerdo – sonrisa – sonrisa de placer...*

Sí, por supuesto, nunca se puede predecir el futuro. ¿Quién podía prever en 1750 la llegada del ferrocarril y de los automóviles? ¿Quién pensaba en 1900 que un día el hombre caminaría sobre la Luna? ¿Quién tenía la menor sospecha en 1970 de lo que Internet sería hoy día? Y en 1980, ¿tú sabías todo lo que ibas a aprender y a descubrir con interés desde esa fecha?

Blancanieves, por su parte, no tenía la menor idea de que descubriría por qué, siendo adolescente, ¡consumía un peligroso número de hongos alucinógenos! ¡Rehuir, rehuir el aburrimiento, rehuir las obligaciones, rechazar todo lo que se parezca a una dificultad! Querer que todo sea fácil, sencillo hasta el reblandecimiento completo del cuerpo y del espíritu.

¡El viaje al planeta desafortunado le descubrió un paisaje en el que solo reinaba el desorden y el caos! ¿Su desgracia? ¡La soledad! Y su secreto fue una gran sorpresa para Blancanieves: el egoísmo, el olvido de pensar en el otro, el miedo a atreverse a ponerse en su lugar y entonces darse cuenta de que tiene un corazón, un alma, una vida. Para Blancanieves, verlo todo únicamente desde su punto de vista fue la causa de su pasada infelicidad. ¿Cómo remediarla? Sus dos ancestros le enseñaron a abrirse con toda confianza, sí, a correr el riesgo de salir de su caparazón y a saber que… Pero, silencio: es su secreto, igual que tú tienes el tuyo.

Por ahora, Blancanieves se dirige con curiosidad hacia el siguiente gigante de la terapia. ¿Quién es? ¿Cómo se llama? ¿Qué va a vivir, a experimentar con él? Tiene la impresión de estar tan bien ya…, ¡aunque, de hecho, solo está mejor!

Notas personales:

Cuarta parte

MOCOSO, TÍMIDO Y GRUÑÓN

1. MOCOSO

Blancanieves sube hasta la siguiente planta; es la costumbre. Tras haber aprendido con Prof la caída en la enfermedad y el principio de la salud, tras haber descubierto con Feliz la alegría de tener unos recursos mágicos, después de haber aprendido a relajarse con Dormilón, asciende hacia los despachos superiores del gran consultorio.

Esa mañana, Blancanieves acude a una cita especial: tres terapeutas la esperan, a ella y a otros pacientes. A decir verdad, se trata más bien de una sesión informativa. Dos hombres, cuatro mujeres, Blancanieves y los tres terapeutas se sientan en sillas colocadas en círculo. Se les invita a todos a presentarse… de forma metafórica.

PRESENTARSE DE FORMA METAFÓRICA

—Si fueses un animal, ¿qué animal serías? —pregunta Mocoso.

—... ¡una liebre de montaña! —se presenta Blancanieves.

Se suceden una gallina, un dinosaurio, un oso y otros compañeros del arca de Noé.

—Y si este animal tuviese un comportamiento, *¿podría...?*

—¡Correr en la nieve!

Y a continuación de Blancanieves, los demás pacientes responden espontáneamente.

Mocoso pregunta de nuevo:

—Si este animal tuviese una emoción, *¿esta sería...?*

—La curiosidad —reacciona Blancanieves.

—El miedo —señala otra voz.

Una tercera anuncia:

—La comprensión.

Y Tímido le pregunta:

—¿Eso es una emoción?

—Ehh... sí...

—Ah, ¿y te procura alguna sensación en tu cuerpo?

—Relajación en el vientre.

—Bien. Y cuando contactas con esa relajación, ¿sientes...?

—Confianza.

—¡Eso es una emoción! La comprensión es un pensamiento, ¿no es así? Puedo comprender y sentir curiosidad, o ansiedad, o simplemente indiferencia. Comprender no me aporta ninguna información sobre el «comportamiento emocional» del individuo.

Gruñón interviene a su vez:

—Si hoy os recibimos los tres juntos es para hablaros de nuestras experiencias y conclusiones hasta el presente. Debéis saber que, al principio, trabajábamos por separado, hasta que nos dimos cuenta de que hacíamos lo mismo desde tres ángulos ligeramente distintos. En efecto,

Tímido, tratando las Emociones, mejoraba los Comportamientos, y las Enfermedades desaparecían. Mocoso, por su parte, al buscar el origen de las Enfermedades físicas, siempre encontraba una emoción secreta, reprimida, bloqueada, y que a veces brotaba bajo la forma de Comportamientos socialmente inadaptados o actos de locura. Y yo, al hacer reflexionar sobre nuestros Comportamientos, encontraba unas Emociones que esculpían el cuerpo, que a veces incluso lo retorcían. Las tres están relacionadas, y así debe ser. El miedo le permite a mi cuerpo cerrarse con el objetivo de protegerse. La alegría le permite abrirse y volverse hacia lo alto, y esto es así para todo el mundo.

—¿De modo que no se puede separar cuerpo y emoción?

—Sí. Y a eso se le llama cadáver —concluye Gruñón.

—Ocuparse del cuerpo es permitirse resentir emociones agradables y favorecer un comportamiento social adecuado. Desarrollar este último nos brinda sensaciones elevadas en un cuerpo que está cómodo. Permitirle a todas nuestras emociones vivir en plenitud expresada es asegurarse un cuerpo sano para una conducta adecuada en sociedad. Y para vivirlo desde el interior, os propongo a todos un ejercicio:

La tríada

No os conocéis; es la primera vez que coincidís. Vais a practicar la conducta social que voy a indicaros en un instante. Durante todo el ejercicio, debéis estar atentos a vuestras emociones: miedo, excitación, alegría..., y a vuestro cuerpo: tensión, calor, temblores... La conducta consiste en caminar uno hacia el otro y miraros a los ojos, sin una palabra. Observad: emoción, sensaciones corporales... Luego... cerráis los ojos y os tocáis por encima de la ropa... Observad: emociones, sensaciones... ¿Qué sentís?

Esa mañana, Blancanieves descubrió la evidencia de su unidad. Tocar el cuerpo es más que tocar el cuerpo; es algo social y emocional. Practicar el comportamiento social que consiste en mirarse es una actitud más que social; provoca miedo o excitación: la boca seca, las manos sudorosas, la respiración alterada. Y la tercera experiencia fue: «Expresa tus emociones». Más que expresar emociones, esto crea vínculos, un tejido social, y el cuerpo se relaja poco a poco.

LA SALA DE ESPERA

Una semana más tarde, Blancanieves ya está lista para transformar sus síntomas, para aceptar sus emociones en su origen, para hacer evolucionar sus comportamientos sociales. Blancanieves lee una revista en la sala de espera de la cuarta planta. En la pared crecen plantas trepadoras y hiedra. En una mesa baja se pueden ver libros de Descodificación Biológica. Un pasillo y al final la puerta de Mocoso, puerta que es traspasada por un ruido de llantos, gritos y una tanda de sollozos. Luego nada. Silencio.

Blancanieves tenía elección: después de Dormilón, podía verse con cualquiera de estos tres gigantes: Tímido, Gruñón o Mocoso. Los tres son abordables en cualquier orden. Hacen que sus pacientes trabajen las emociones (Tímido) vinculadas con las enfermedades físicas (Mocoso) y con los problemas comportamentales (Gruñón). Blancanieves tendrá que aprender a establecer la relación entre:

— sus enfermedades físicas: fatiga suprarrenal, vitíligo, anemia;
— sus emociones: su impresión de haberse equivocado de vida, su miedo a molestar a los otros;
— sus comportamientos: crisis, delirios de persecución, aislamiento.

Un nuevo ruido. La puerta se abre y dos hombres se despiden. ¡El paciente sonríe! Él, que cinco minutos antes sollozaba… ¿Cómo es posible que tenga el rostro tan relajado, tan luminoso? ¿Haber llorado es lo que le permite ahora estar tan sosegado? Los gritos la habían asustado; la sonrisa la tranquiliza.

Mocoso, el psicobioterapeuta, después de acompañar a su paciente hasta la puerta de salida, se dirige hacia Blancanieves.

—¿No va a hacer una pausa? —se extraña Blancanieves.

—¿Por qué? ¿Por qué tendría que reposar? Estoy aquí, contigo, en este momento. Plenamente. Ven a mi consultorio y siéntate en el sillón que prefieras.

En la habitación hay tres sillones: uno de cuero, uno de mimbre y uno de tela.

Blancanieves se dirige hacia el sillón de tela, el más alejado de la butaca del terapeuta. Todavía está un poco asustada. Luego cambia de idea; tiene ganas de sentirse más cerca de este hombre y se instala en el sillón más próximo a él.

—¡Bien! ¿A qué debo el placer de conocerte?

—Tengo una alergia.

—¿A qué?

—A las plumas.

—¿Cómo se manifiesta?

—Me pica y tengo ganas de vomitar.

—¿Desde cuándo la tiene?

—Desde mi infancia.

— …

Y las preguntas se suceden y preceden a las confidencias.

Los protocolos de Mocoso van a alternarse con las consultas con Gruñón y Tímido.

A continuación podemos leer todo lo que Blancanieves anotó en su cuaderno personal, pues desea realmente practicar de nuevo todos esos protocolos, incluso, por qué no, con amigos afligidos. A menos que simplemente les entregue sus notas a fin de que ellos solos se encaminen hacia sí mismos.

CUESTIONARIO SOBRE EL CUERPO QUE TENGO

1. Cuando me miro en un espejo, ¿qué pienso acerca de mi cuerpo global?

¿Demasiado grande? ¿Demasiado pequeño? ¿Demasiado gordo? ¿Demasiado viejo? ¿Demasiado delgado?...

¿Y sobre tal o cual parte de mi cuerpo: el pelo, la cara...?

Lo escribo en mi diario de a bordo.

2. Si tuviese una varita mágica, ¿qué me gustaría cambiar en mi cuerpo, por fuera y por dentro?

Lo escribo en mi diario de a bordo.

3. Evalúo mis capacidades corporales y las califico con una nota entre el 0, la peor, y el 10, la mejor:

— mi digestión
— mi respiración
— mi sexualidad
— mi circulación
— mi función cardiaca
— mis evacuaciones líquidas: los riñones
— mis evacuaciones sólidas: el recto
— mi función de contacto: la piel
— mis sentidos (oído, vista, gusto, olfato)
— mi capacidad de morder: dientes
— mis movimientos
— mi sueño
— otros

4. Una vez evaluados los elementos anteriores, escribe una frase definiendo lo que te gustaría mejorar.

Ejemplo: «Mi piel 2/10. Me gustaría poder mejorar la piel de mi rostro».

A medida que avances en los diferentes protocolos propuestos, tendrás la oportunidad de explorar otras características limitantes de tu cuerpo.

Protocolo Mocoso n.º 1
La alergia en la práctica

- Nivel de dificultad: cama de clavos.
- Índole: verbal, visualización.
- Indicaciones: cualquier problema alérgico y toda reacción emocional fóbica.
- Contraindicaciones: ausencia de elementos desencadenantes.
- Objetivo: encontrar el porqué de tu alergia y eliminarlo.
- Condiciones de realización: con un terapeuta.
- Tiempo necesario: entre 40 minutos y una hora.
- Materiales: los elementos alérgicos deben verificarse.

Introducción

¿Qué es una alergia?

Puede definirse por tres elementos: un alérgeno, uno o dos síntomas, una fecha de aparición del primer síntoma.

a) El alérgeno es una sustancia química que entra en contacto con el cuerpo humano y produce una reacción excesiva. Cualquier cosa puede ser un alérgeno: pelos, plumas, polvo…, el sol, la voz de tu suegra, el despegue de un avión, un grito en la ducha, el trabajo en la oficina, etc. El alérgeno es el soporte de una historia emocional perturbadora.

Una multitud, la oscuridad, etc., pueden desencadenar reacciones, síntomas psíquicos. En este caso, estaríamos hablando de fobias. El alérgeno ya no es físico, sino inmaterial; la reacción ya no es física, sino inmaterial, es decir, psicológica.

b) El síntoma es una manifestación física, casi siempre inflamatoria: rinitis, eccema, conjuntivitis…, infarto, angustia, diarrea, temblores, etc. De hecho, cualquier forma de reacción puede entrar en el marco de las alergias, siempre y cuando tengamos un elemento desencadenante, exterior, y una reacción interior.

c) La fecha de aparición del primer síntoma no es, forzosamente, la fecha del shock. Ejemplo: la señora X se come un plato de cangrejos de río y de inmediato desarrolla una urticaria brutal. En las semanas precedentes no había sufrido ningún shock. En cambio, tres años antes, durante un almuerzo, su novio la informó de que rompía su promesa de matrimonio, pues súbitamente se había enamorado de otra mujer, y ella, en estado de shock, oyó todo esto mientras comía unos cangrejos de río.

La historia puede saltarse una generación. Ejemplo: la señorita Y es alérgica a las plumas desde que nació. Su madre tuvo un embarazo muy bueno hasta el sexto mes. Vivía en el campo, rodeada de animales. Un día, un ganso la muerde. Su marido se abalanza furioso sobre el animal, lo lleva hasta su taller, pone la cabeza del ganso sobre el tajo y lo decapita con un hacha. Lo hace para complacer a su mujer, para darle seguridad, para demostrarle su amor. Pero en realidad está aterrorizada por el comportamiento de su marido. Ella es portadora de vida; él produce la muerte. Traumatizada, permanece en silencio mientras le arranca las plumas al animal en presencia de su sonriente marido. Para ella, plumas = angustia de muerte. Unos meses más tarde da a luz y la niña sufre de asma en cuanto está en contacto con plumas.

a) El alérgeno: pluma (en la memoria de esa niña) = peligro de muerte por la mano del padre.

b) El síntoma: asma ligado a la coloración conflictiva: «No tengo el espacio de libertad y de seguridad que deseo y padezco el espacio que no deseo».

c) Los síntomas aparecen durante el segundo contacto con el alérgeno.

ETAPAS DEL PROTOCOLO

A fin de comprender mejor tu alergia, estas son las etapas de un protocolo que te ayudará en tu búsqueda. Utilizo voluntariamente la primera persona para que puedas profundizar mejor en tus sensaciones interiores.

1. Las circunstancias de aparición de los síntomas

Para estudiar las circunstancias en las que se manifiestan mis síntomas observo lo relacionado, lo que induce y desencadena la alergia:

— El lugar (entorno)
— La persona
— La comida
— La hora del día
— La estación
— El animal
— Los objetos
— Otros

Anoto en mi diario de a bordo las respuestas y las nuevas informaciones. Durante esta etapa, subrayo las circunstancias que se repiten.

Una vez que has identificado el aspecto desencadenante, espacio-temporal, de esta alergia, pasa a la siguiente etapa.

Observación

Si padeces varias alergias, trátalas de una en una, independientemente. Empieza con una sola, siguiendo todas las etapas propuestas, y luego trata las demás, una en cada sesión.

2. **Asociación alérgeno-historia personal**
   Ahora que sé cuál es el alérgeno que me afecta, refino mi búsqueda. Este alérgeno tal vez me remita a otra cosa. Por ejemplo:

—un juego de palabras: junco = junto, unido = conflicto de separación.

—homonimia: rosa = nombre = deceso de mi abuela, que se llamaba Rosa = conflicto de pérdida.

—asociación de ideas = ácaros[1] = cama = relación sexual = conflicto sexual.

Puede ocurrir que sea necesario precisar aún más la búsqueda. Por ejemplo:

—alergia al perfume.

1. ¿Cuál fue el primer perfume que te resultó inaguantable? El perfume de mi madre = conflicto con la madre.
2. Ángel (nombre de perfume) = mi amigo, que siempre me llamaba «mi ángel», se fue inesperadamente = incidente inaceptable.

—alergia al chocolate.

¿Qué tipo de chocolate? El negro.

¿Qué marca? Blick.

¿De dónde viene? Suiza.

¿Qué ocurrió en relación con estos términos? Separación de mis padres: uno vive en Suiza, el otro en Francia.

[1] Diminutos animales que habitan en la ropa de cama.

Hay que comprender bien que el objetivo de esta segunda etapa es clarificar la subtonalidad del alérgeno, es decir, mis implicaciones personales. Por ejemplo, yo relaciono «rosa» con mi abuela. Otros pueden relacionar la palabra con su padre, que era florista. En cuanto hayas conseguido que el alérgeno «confiese», pasas a la siguiente etapa.

3. Origen en el tiempo

Durante esta etapa, entro en mi resentido biológico; estoy en contacto con todas mis sensaciones corporales, con mis emociones, etc.

«¿Cuándo empecé a desarrollar estos síntomas relacionados con… (alérgeno)? Dejo venir a mí la edad que tenía, el año y tal vez el día.

4. Eventos

¿Qué ocurrió en esa época?, ¿que evento viví en aislamiento y sin hablar de ello?

¿Separación, mudanza, ruptura, deceso, agresión, accidente…?

Identifico la naturaleza del conflicto en el que mi biología se quedó un poco «atascada».

5. Lo no dicho

Ahora respondo a estas preguntas escribiendo ampliamente mis respuestas, mis comentarios y todo lo que se me pasa por la cabeza.

a) En aquella época me hubiese gustado decir…
b) En aquel momento sentí en mi interior…
c) Durante ese periodo vi…
d) Durante ese periodo oí…
e) Para no entrar en conflicto preferí…
f) De hecho, si soy sincero conmigo mismo, hubiese preferido…
g) En aquel momento hubiese necesitado…

Importante: tómate todo el tiempo que necesites para responder a cada pregunta. No dudes en repetirte varias veces la misma como para vaciar un saco demasiado tiempo «olvidado en un rincón». Pueden surgir emociones; déjalas salir. Lo que se expresa hacia el exterior ya no necesita imprimirse en el interior.

6. Reorganización

Dependiendo de lo que haya sucedido en la fase precedente, puedes sentirte grogui, raro o tener la cabeza un poco pesada. Es normal: estás reorganizándote a nivel cerebral. Estás convaleciente. Algunas veces, los síntomas se agravan para luego desaparecer. Confía en tu inconsciente biológico.

En ocasiones se necesitan varias sesiones (repetir entonces las etapas de la 1 a la 5).

7. En conclusión

Algunas alergias son reales (sustancia: pelos, plumas, etc.); otras, simbólicas (la suegra...). Sea como fuere, no son más que la expresión de un trastorno que no comprendemos. Por definición, el enemigo que vemos frente a nosotros no es más que el reflejo de nuestro inconsciente biológico, que nos envía un mensaje: «¡Cuidado, peligro!». Al descubrir nuestro funcionamiento, podemos recuperar la responsabilidad de nuestra propia historia. ¿No podría ser esta una definición de nuestra libertad?

Protocolo Mocoso n.º 2
Deshacer un conflicto de diagnóstico

- Nivel de dificultad: taburete.
- Índole: verbal, visualización.
- Indicaciones: enfermedad grave diagnosticada sin explicación.
- Contraindicaciones: ninguna.
- Objetivo: recuperar tu poder de elección ante una evaluación que te han dado.
- Condiciones de realización: con un terapeuta.
- Tiempo necesario: 40 minutos.
- Materiales: ninguno.

Introducción

Un diagnóstico es una evaluación precisa de una situación, de un estado físico, emocional o mental. Ejemplo: «Se trata de un cáncer; su hijo es disléxico; usted no está hecho para la vida en pareja; jamás tendrá un hijo...».

En general, todas las técnicas terapéuticas comportan ciertos test de diagnóstico, una terminología específica y unos tratamientos de corrección.

La medicina enseña la forma de establecer un diagnóstico en función de cuadros clínicos [1], análisis clínicos [2] y síntomas precisos. A la

[1] Cuadro clínico: conjunto de síntomas físicos que presentan una mujer o un hombre. Ejemplo: a la señora X le duelen las rodillas, tiene fiebre, está nerviosa y padece migrañas.

[2] Análisis clínicos: conjunto de resultados obtenidos al realizar exámenes de observación del cuerpo. Ejemplo: extracciones de sangre, punciones, etc.

vista de estos distintos elementos, los médicos pueden determinar qué tratamientos prescribir.

A causa del flujo ininterrumpido de pacientes que reciben en el transcurso de un día de consulta, a menudo muchos médicos terminan trivializando el impacto que eventualmente sufre un paciente en el momento del anuncio del diagnóstico. Paralelamente, muchos pacientes acuden a las consultas porque quieren un diagnóstico: «¿Qué tengo, doctor?», «¿Es grave?».

Pero abandonemos por un instante el estricto contexto médico alopático para internarnos en otros dominios no exentos de conflictos de diagnóstico. En la escuela, por ejemplo: «¡Su hijo es estúpido!», o en el hogar: «¡No eres capaz de entender las mates!». En la consulta de un homeópata: «Hablamos de una psicosis reveladora de un vestigio de sífilis ubicado en las generaciones pasadas». En acupuntura: «Su meridiano del hígado está agotado». En descodificación: «Su cáncer de huesos proviene de conflictos de desvalorización, y si no se libra de él, morirá. Nadie puede hacer nada por usted». Por no hablar de las consultas con videntes, astrólogos, especialistas en reencarnación...

Como se puede constatar, la gama de diagnósticos puede declinarse de múltiples formas... Este protocolo sirve para ayudarte a encontrar lo que un día te impusieron sin tomarse el tiempo de clarificarlo con precisión ni, por supuesto, tratarlo.

ETAPAS DEL PROTOCOLO

1. Recuerda un momento preciso en que alguien:

— te dio un diagnóstico con el que no estabas de acuerdo;
— te impuso un diagnóstico con el que no estabas de acuerdo;
— te impuso un dictamen con el que no estabas de acuerdo;
— te hizo una evaluación con la que no estabas de acuerdo.

2. ¿De qué se trataba? (Determinar la naturaleza del evento).

3. ¿Dónde ocurrió? (Descripción del lugar, del espacio).

4. ¿Cuándo ocurrió? Indicarlo con la mayor precisión posible:

— Periodo del año
— Estación
— Día de la semana
— Momento del día
— etc.

Tras estos cuatro puntos, la persona debería determinar el momento preciso. Si es necesario, hazle preguntas complementarias:

— ¿Con quién estás?
— ¿Cómo vas vestido/a?
— ¿Estás sentado, de pie?...
— Si cierras los ojos, ¿qué ves? ¿Qué oyes? ¿Qué hay a tu alrededor?

5. En ese momento, ¿cuáles son tus resentidos, tus emociones? (Dejar emerger todo lo vinculado con ese resentido).

6. ¿Qué sientes en tu cuerpo dejando desfilar esas imágenes o esas impresiones?

7. ¿Qué creencia o creencias se derivaron de ello?

Después de estos siete puntos, la persona ya es capaz de navegar en su resentido y de hacer surgir el malestar ligado a este.

8. ¿Qué hubieses necesitado en aquel momento?

— ¿Qué te hubiese gustado decir? ¿Hacer? ¿Tener?
— En el fondo de ti, ¿qué sientes que hubiese sido lo adecuado?
— Enuncia libremente, completamente, tus verdades, tus intuiciones.

Ahora la persona debe sentirse más libre y relajada.

9. Si no logra librarse completamente de su conflicto de diagnóstico, preguntarle:

— ¿Tiene alguna ventaja ponerse en manos del otro y evitarse a sí mismo?
— ¿Hay algún otro momento en que hayas recibido un diagnóstico que también te trastornó?

Si la respuesta es afirmativa, repetir entonces las etapas de los puntos 2 al 8.

Además

Puedes aplicar el mismo protocolo a personas que se autodiagnostican, como por ejemplo:

— profesionales relacionados con la medicina,
— paramédicos,
— psicólogos, psicoterapeutas,
— personas que se sienten afectadas por distintos males hereditarios,
— personas que buscan información en libros, Internet o en las cartas adivinatorias.

Observación

A veces este protocolo va muy deprisa y todo se resuelve con las preguntas 5, 6 y 7.

Protocolo Mocoso n.º 3
Deshacer un conflicto de pronóstico

- Nivel de dificultad: taburete.
- Índole: verbal, visualización.
- Indicaciones: pronóstico alarmante, futuro contaminado por el virus de un pensamiento negativo.
- Contraindicaciones: ninguna.
- Objetivo: deshacer una creencia surgida a consecuencia de un pronóstico desfavorable.
- Condiciones de realización: con un terapeuta.
- Tiempo necesario: 40 minutos.
- Materiales: ninguno.

Introducción

Un conflicto de pronóstico es una evaluación muy precisa formulada respecto al futuro.

En el marco de la salud, a menudo se trata del anuncio del agravamiento de una enfermedad cuyo desenlace es la muerte, o también el anuncio de una discapacidad o de una fecha límite irreversible.

Ejemplos:

«Es el comienzo de la enfermedad de Alzheimer».

«Para usted se acabó la sexualidad».

«¿Cuáles son sus antecedentes familiares?

»—Cáncer.

»—Ya… Que le hagan despistajes muy a menudo; hay que atajarlo pronto, aunque ahora mismo se encuentre aparentemente sano…».

«A los 45 años ya tendrá presbicia».

«Usted es diabético, así que tendrá problemas de vista y trastornos arteriales».

«Todos los cánceres, tarde o temprano, en todas las personas, hacen metástasis».

«La depresión no tiene cura».

«La esclerosis múltiple se va agravando progresivamente».

El conflicto generado es tanto más difícil cuanto que le arrebata al tiempo futuro cualquier noción de esperanza de cura, de imprevisto, de libertad, de posibilidades, y le suma la certeza del agravamiento.

Imagina el impacto de una consulta con un famoso —pero torpe— especialista en el campo de la videncia, la astrología, el tarot; un médium cuyas consultas causan severos daños cuando el impresionable sujeto, sometido, pasivo, deja de estar en contacto con su espíritu crítico.

Etapas del protocolo

1. Recuerda el momento en que alguien:

— te dio un pronóstico con el que no estabas de acuerdo;
— te impuso un pronóstico con el que no estabas de acuerdo;
— te describió con precisión un futuro con el que no estabas de acuerdo.
— te describió con precisión un evento con el que no estabas de acuerdo.

2. ¿De qué se trataba? (Determinar la naturaleza del evento).

3. ¿Dónde ocurrió? (Descripción del lugar, del espacio).

4. ¿Cuándo ocurrió? Indicarlo con la mayor precisión posible:

— Periodo del año
— Estación
— Día de la semana
— Momento del día, etc.

Después de estos cuatro primeros puntos, la persona debería ser capaz de percibir bien el momento preciso. Si es necesario, hazle algunas preguntas complementarias:

— ¿Con quién estás?
— ¿Cómo vas vestido/a?
— ¿Estás sentado, de pie?...
— Si cierras los ojos, ¿qué ves? ¿Qué oyes? ¿Qué hay a tu alrededor?

5. En ese momento, ¿cuáles son tus resentidos, tus emociones? (Dejar emerger todo lo vinculado con ese resentido).

6. ¿Qué sientes en tu cuerpo dejando desfilar esas imágenes o esas impresiones?

7. ¿Qué creencia o creencias se derivaron de ello?

Tras estos siete puntos, la persona ya es capaz de navegar en su resentido y de dejar salir el malestar ligado a este.

8. ¿Qué significa esta predicción para ti?

9. ¿Qué consecuencias tendrá?

10. Si te imaginas a ti mismo dentro de x tiempo (de acuerdo con la predicción que te hicieron), ¿en qué condiciones estarás? ¿Y en x tiempo más un mes? ¿Más seis meses? ¿Más un año? ¿Más diez años?

11. ¿Qué pronóstico sería el más acertado para ti ahora?

— ¿Qué hubieses necesitado en aquel momento?
— ¿Qué te hubiese gustado decir? ¿Hacer? ¿Tener?

Enuncia libremente, completamente, tus verdades, tus intuiciones.

Ahora la persona debe sentirse más libre, más relajada.

12. Si la persona no es capaz de librarse completamente de su conflicto de pronóstico, preguntarle:

— ¿Has vivido algún otro momento en que también recibieses un pronóstico con el que no estabas de acuerdo?

En tal caso, repetir las etapas que van de los puntos 2 al 11.

Además

Examinar los autopronósticos basados en eventuales búsquedas de información que la persona haya podido hacer por su cuenta en función de lo que pueda considerar una herencia familiar transgeneracional.

Ejemplo: «Es una fatalidad: lo que ha sido será; está escrito en los astros».

Observación

A veces este protocolo va muy deprisa y todo se resuelve con las preguntas 5, 6 y 7.

Protocolo Mocoso n.º 4
Desbloqueo de las cicatrices

- Nivel de dificultad: taburete.
- Índole: trabajo corporal.
- Indicación: cicatriz presente desde hace más de seis meses.
- Contraindicaciones: cicatriz demasiado reciente.
- Objetivo: transformar tu sensibilidad en la zona de la cicatriz elegida.
- Condiciones de realización: empezar con un terapeuta. Existe la posibilidad de seguir solo si la práctica resulta fácil (cicatriz accesible).
- Tiempo: 20-25 minutos.

Introducción

Después de una operación quirúrgica, la huella que queda en el cuerpo en forma de cicatriz puede suponer un problema. Esta huella también puede crear o expresar un conflicto.

Si tal es el caso, es muy fácil descubrirlo: pasa la mano sobre la cicatriz... ¿Cuál es tu primera impresión? Si no sientes ninguna diferencia con el resto del cuerpo, es que no hay memoria residual. Si, en cambio, sientes irritación y no soportas el contacto de un dedo en esa zona, o si tu sensibilidad es distinta o incluso inexistente, es señal de una memoria conflictiva.

LAS ETAPAS DEL PROTOCOLO REALIZADAS POR EL TERAPEUTA

1. Identifica la cicatriz sobre la que el paciente quiere trabajar.

2. Determina los límites de la zona difícil. A menudo esta parte sensible puede ser mayor que la propia cicatriz.

3. Observa la cicatriz: evalúa los distintos aspectos visuales: color, tonos...

4. Palpa la zona y pídele al paciente que señale dónde le resulta más sensible la percepción, más dolorosa, a fin de trazar una especie de mapa para delimitar las zonas agradables y las desagradables.

5. Localiza con uno o dos dedos un punto ligeramente doloroso situado alrededor de la cicatriz; debe ser un dolor soportable. Mantén el dedo sobre la zona precisa del dolor, del malestar, con una presión suficiente y aceptable. Estamos buscando en la cicatriz el punto bisagra entre aceptable e inaceptable mientras recorremos esta pequeña superficie presionando levemente.

Mantén el dedo sobre ese punto doloroso. Espera que la tensión se relaje de manera natural.

6. Busca otros puntos girando alrededor de la cicatriz. A medida que estas tensiones periféricas sean liberadas, el trabajo sobre la cicatriz propiamente dicha será posible.

7. Busca en la cicatriz los puntos dolorosos y «libéralos».

8. Ahora, apoyando con delicadeza, busca puntos dolorosos un poco más profundos.

Observación

El trabajo sobre una cicatriz puede requerir varias sesiones. Cada sesión durará de 20 a 30 minutos. Durante la sesión pueden aparecer, para luego desaparecer, imágenes, sonidos, impresiones. Esto forma parte integrante de este trabajo de liberación de las memorias celulares. Los especialistas familiarizados con prácticas corporales estarán cómodos con este protocolo.

Protocolo Mocoso n.º 5
Diálogo con el inconsciente de un órgano

- Nivel de dificultad: sillón.
- Índole: visualización.
- Indicaciones: acceder a un resentido orgánico, embarazo.
- Contraindicaciones: ninguna.
- Objetivo: ponerse en comunicación con espacios orgánicos internos.
- Condiciones de realización: con un terapeuta.
- Tiempo necesario: 20-30 minutos.
- Materiales: ninguno.

Introducción

Esta herramienta se adapta maravillosamente a un buen número de situaciones. Es una herramienta puramente metafórica. La utilizamos con frecuencia cuando las personas tienen un problema orgánico, físico, emocional. Este protocolo permite acceder al resentido profundo de un órgano. Facilita restablecer el diálogo consigo mismo. El órgano se convierte provisionalmente en una parte de uno que aprendemos a descubrir, a reconocer y luego a conectar de nuevo.

ETAPAS DEL PROTOCOLO

1. **Define la parte del cuerpo** con la que la persona quiere trabajar.

Puede tratarse de un órgano enfermo, doliente, o simplemente de una zona de atención especial en una determinada parte del cuerpo. Ejemplo: la pierna derecha, el pulmón izquierdo.

2. Expresar el problema físico

«Tengo un nódulo en el hígado». «Tengo una angina». «Tengo un esguince de rodilla». «Tengo reumatismo en los dedos de la mano derecha». «Tengo migrañas». Etc.

Localizar bien este problema en el cuerpo.

De ser posible, es conveniente delinearlo con un dedo igual que delineamos el perímetro de un país en un mapa.

Por ejemplo, en el caso de reumatismo en una mano, ¿qué parte de los dedos está afectada? Señalar dichos puntos con toda precisión.

3. Elegir un soporte

Puede ser una mesita, el suelo, una piedra, un cojín cubierto con una tela, una tabla, un lienzo esterilizado. ¿De qué color y de qué material está hecho ese soporte? Todas estas informaciones son descripciones sensoriales; en ningún caso, una reflexión, una apreciación personal, emocional o intelectual: «Es bonito», «Es feo», «Por qué me viene esta imagen a la cabeza», «Esta tela me recuerda…». Este tipo de pensamientos deben evitarse; nada de comentarios, solo la experiencia sensorial: el lienzo es rosa, la mesa tiene tres patas…

Evidentemente, la elección sensorial nunca es casual. Pero no se debe analizar. La vivimos y luego la transformamos.

Coloca la zona del cuerpo fuera de ti, sobre el soporte elegido: una mesa, un taburete, un cojín o cualquier otro emplazamiento a tu gusto.

Por ejemplo: Poso el estómago encima de un cojín azul colocado sobre una mesita.

4. Pedirle a la persona que detalle sensorialmente

Si la persona tiene afectados los cartílagos de los dedos, le pides que te diga sus características: el color, la forma, la textura. «¿Parecen de goma o son más duros? ¿Son pesados o livianos? ¿El cartílago es de color amarillo o más bien gris?

Haces que el paciente detalle sensorialmente el problema orgánico colocado sobre el soporte. La persona ha posado en él la mano con sus reumatismos, o el cerebro con la migraña, o su rodilla con el esguince..., y visualiza su problema, lo detalla sensorialmente de la forma más completa posible. Describir. Cortocircuitar la razón, la inteligencia.

5. Diálogo con el órgano

Es como si el órgano tuviese unas orejas y una boca pequeñas. Vamos a hacerle unas preguntas y será el órgano el que las responda, no el sujeto. Este debe sumarse al juego, dejarse ir, como hacen los niños. Escucha las respuestas y se las transmite al terapeuta.

Una vez que la forma ya está detallada, le preguntas a la persona:

— ¿Qué es lo que tú (el sujeto) sientes respecto de ese órgano?
— ¿Desde cuándo?
— ¿Cuál es el rol del órgano?
— ¿Y el del síntoma?
— ¿Cuál es su misión?
— ¿Cuál es su sentido?
— ¿Cuál es su función?
— ¿Su función es positiva?
— ¿Para qué es útil?
— ¿Cuándo ha sido útil?

Eres tú, el terapeuta, quien le sugiere la pregunta al sujeto. Y es el sujeto el que le hace la pregunta al órgano. Y el órgano le responde al paciente, quien, a su vez, te repite la contestación.

La persona puede decirte: «Pues bien, él dice que sirve para que yo sea sensato» o «para que esté seguro», etc.

El terapeuta repite todas estas preguntas mientras sigan llegando las respuestas. Observa los cambios en el órgano.

6. Mensaje del órgano

Pregúntale al órgano:

— ¿Qué siente este órgano por el sujeto?
— ¿Cuál es su emoción?
— Este órgano (este hueso) ¿tiene algún mensaje para el sujeto?
— ¿Hay algo que quiera decirle?
— ¿Tiene alguna información para él?
— ¿Qué edad tiene?
— ¿Su origen?
— ¿Es útil conocerlo?

La persona repite las respuestas dadas por el órgano. Exclama en voz alta: «Me dice que no debí hacer tal cosa, o que debí hacer tal otra».

El terapeuta repite todas estas preguntas mientras sigan surgiendo las respuestas. Observa los cambios en el órgano.

7. Las necesidades del órgano

A continuación, le preguntas al sujeto:

— ¿Qué necesita el órgano para que el síntoma se transforme?
— ¿Para cambiar? ¿Para evolucionar? ¿Para mover las cosas?
— ¿Necesita decir algo? ¿Qué? ¿A quién?

El órgano puede responder: «Necesita que lo repinte de rojo», «Necesita que le dé un besito», «Necesita que lo lave con jabón todas las mañanas», «Necesita estar seguro de que seré prudente en el futuro», etc.

8. ¿Qué vamos a poner en su lugar?

Hay que adaptarse al tipo de problema físico.

Si la persona tiene una masa, un tumor, un quiste…, si tiene algo «de más», la pregunta puede ser: «¿Qué necesitas para desaparecer?».

Pregúntale a la persona y no al órgano, ni tampoco al problema, lo que desea poner ahora en ese espacio. Donde había un tumor, va a haber un vacío. Había un problema y tú has eliminado el problema. ¿Qué vamos a poner en su lugar? Puede ser un ramo de tulipanes, un sol, un libro, una foto, la playa, una piedra. «¿Qué decides?». Y la persona te dirá lo que va a poner. El tumor se ha ido. El problema ha desaparecido. Pongo algo en ese vacío.

Si la patología es un agujero, una lisis, una úlcera, una descalcificación..., si hay algo «de menos», entonces la pregunta será: «¿Qué necesitas para rellenar ese vacío?».

Transmítele virtualmente todo lo que necesita hasta que esté plenamente satisfecho.

Repite todas estas preguntas tanto tiempo como sea necesario. Observa los cambios en el órgano.

9. Contrato

Después se cierra un contrato con el inconsciente. «Me comprometo a ser prudente, a ser amable, a lavarlo...». Y el órgano también se compromete por contrato: entonces podrá cambiar.

10. Comprobaciones

Le preguntas a la persona si todo está bien. ¿Acepta recuperar su órgano y volver a ponerlo en su interior? ¿Le parece correcto? ¿Todo está en orden? La persona examina lo que siente y responde.

Hay una última comprobación, muy útil, que expresamos con esta pregunta importante: «¿Ha dado el órgano todos los mensajes?».

11. Ecología sistémica

Reintegro el órgano o la parte en cuestión al cuerpo asegurándome de que esto se hace en armonía con las otras partes del mismo.

Si una parte no acepta la reintegración del órgano, repetir las preguntas sobre esta parte.

12. ¿Qué diferencias surgen en términos de sensaciones?

La persona ha vuelto a colocar el órgano en su interior y compara: ¿se siente mejor, igual, peor? Si la persona se siente mal, si percibe alguna molestia, empezamos de nuevo el ejercicio. Ponemos esa sensación encima de un soporte y retomamos el protocolo a fin de reciclar e interrogar a esa molestia.

13. Agradecimientos

Para terminar, el paciente le da las gracias al órgano por lo que acaban de hacer. Terminar así es fundamental. Es lo justo; entra en el orden de las cosas, pues va a instalarse una complicidad. La próxima vez, la persona podrá dialogar con su inconsciente con más facilidad. Y así el inconsciente y el consciente podrán ayudarse mutuamente.

Variante

Después de haber practicado este protocolo varias veces, es posible incluirte a ti mismo:

«¿A quién perteneces?».

Determinar la proporción que pertenece a la persona y la que pertenece a un antepasado.

Repetir las etapas.

EPÍLOGO

Blancanieves relee sus notas. Al final de cada consulta, escribe en caliente en su diario de a bordo todo lo que acaba de vivir.

Hoy está en la sala de espera de Tímido y parece que el terapeuta llega tarde; entonces Blancanieves repasa todos sus descubrimientos, todas sus confidencias. Encuentra la consulta en la que descubrió la causa de su alergia a las plumas. Lloró tanto que pensó que iba a morir ahogada:

> Hoy he trabajado en mi alergia a las plumas. Recordaba bien la historia de los patos y las gallinas. ¡Jugar con ellos era mucho más entretenido que hacer mis deberes! Un día me obligaron a comerme a uno de ellos. Recordaba el evento, pero había olvidado cuán culpable me sentí de su muerte. Si hubiese hecho los deberes, ¡no los habrían matado!
>
> Es curioso lo ligera que me siento tras haber podido hablar de ese día. ¡Los hechos son los mismos y al mismo tiempo todo ha cambiado!

Blancanieves pasa la página de su diario y prosigue con su lectura:

> No lo sabía, de ningún modo. Ignoraba que las frases tuviesen tan larga vida y que resistieran tanto la usura del tiempo. Algunas sobreviven a los que las pronunciaron.
>
> Hoy es la abuela la que, en la consulta de Mocoso, apareció en escena. Oí cómo me decía una frase criminal: «Cuando uno es alérgico, lo es para siempre; ¡es como la pereza!». Entonces me dolió mucho y la creí. Hoy he hecho el protocolo sobre el pronóstico y ahora me río de lo que me dijo. Ella es ella ¡y yo soy yo!

Y en otra hoja de su diario:

> El señor Mocoso me ha hecho posar mi cansancio. Lo vi arrastrarse sobre una cama, la de mi abuelo, que murió trabajando. Mi cansancio se parecía a un puñado de algodón gris, sin forma. Dentro estaba la palabra *pereza*. La escuché con tanto amor que se transformó en *Caricia*, y luego en *Carroza, carrera, carrerilla*. ¡¡¡Hoy estoy llena de energía!!!

Notas personales:

2. TÍMIDO

PRÓLOGO

En las paredes de la sala de espera de Tímido hay dos fotos de un templo zen, un primer plano de una superficie de grava y una vista aérea de una montaña.

Como dispone de algún tiempo mientras espera, Blancanieves escribe en su diario de a bordo las siguientes palabras:

> ¿Qué voy a decirle al señor Tímido? Temo importunarlo. Hay enfermos más afectados que yo. Tengo la impresión de robarles el puesto. Después de todo, no me siento tan mal. Lo que me gustaría es anular la cita.

La escritura se interrumpe en estas palabras, ya que la puerta se ha abierto, muy discretamente. Tímido, en completo silencio, la guía hacia la sosegada atmósfera de su consulta.

—Blancanieves, te escucho…

—No sé por dónde empezar. No me siento mal.

—De acuerdo; ¿y qué pasa ahora, en este momento?

—Bah, estoy bien, salvo que tengo la impresión de estar robándole su tiempo, de molestarlo…

Una hora más tarde, Blanca habla de aquella escena en el patio del colegio, cuando, a los doce años, se sentía de más. No es casual. Había vivido en la sala de espera lo que debía trabajar inmediatamente después. Y Tímido la lleva a experimentar, sesión tras sesión, el interés de cada uno de sus protocolos…

CUESTIONARIO SOBRE LA CALIDAD DE MIS RELACIONES

En las siguientes preguntas, concentra tu atención en las personas de tu entorno, presente y pasado. Pueden estar vivas o haber fallecido, estar presentes o ausentes. Vas a evaluar la calidad relacional que existe entre ellas y tú. Para hacerlo, pon una nota entre el 0 (la peor) y el 10 (la mejor nota). En cuanto a relaciones que se remonten a tu infancia, debes estar atento y diferenciar bien tu evaluación de hoy como adulto de tu evaluación como niño. Haz las dos. A menudo, de niños evaluamos de forma más pertinente que cuando somos adultos y ya hemos aprendido a adaptarnos y a gestionar con la «razón» nuestro malestar relacional. En tus respuestas, si la persona en cuestión tiene un diminutivo especial, empléalo.

Tómate tu tiempo, pero tampoco pienses mucho; sé espontáneo y honrado en la nota que asignes. Respecto a determinadas personas, te sentirás ecuánime (nada que decir sobre ellas); con otras (tus aliados, tus recursos, ¡tus codependientes!) tendrás una impresión muy positiva. Con otras, por último, sentirás que la calidad relacional fluctúa según las circunstancias (en estos casos, poner la nota es más difícil).

Una vez que hayas completado este balance, te será más sencillo elegir a la persona adecuada en la relación que quieres hacer evolucionar.

A cada una de las personas elegidas puedes ponerle una nota y un calificativo. 0 = mala relación; 10 = excelente relación.

Ejemplo

¿Cómo evalúas tu calidad relacional

... con tu madre? (Escribe el diminutivo empleado: mamá, mami, mamita...)

... con tu padre? (Escribe el diminutivo empleado: papá, papi, papito...)

... con cada uno de tus hermanos y hermanas?

... con cada uno de los otros miembros de tu familia? (abuela, tío, tía...)

... con tu marido/esposa/pareja?

... con cada uno de tus hijos?

... con tus ex?

... con tu suegra?

... con tu suegro?

... con tus colegas en el trabajo?

... con tus amigos?

... con otras personas?

Protocolo Tímido n.º 1
Clarificar una relación difícil

- Nivel de dificultad: taburete.
- Índole: posición de percepción.
- Indicaciones: dificultades relacionales, timidez, todas las sensaciones emocionales difíciles con alguien en particular.
- Contraindicaciones: ninguna.
- Objetivo: expresar hacia el exterior lo que sentimos en el interior de nuestro cuerpo.
- Condiciones de realización: con un terapeuta.
- Tiempo necesario: 40 minutos más o menos.
- Materiales: tres sillas.

Introducción

Gracias a este protocolo vas a vivir una situación desde un punto de vista inhabitual: el punto de vista del otro, así como el del mediador o el del terapeuta.

ETAPAS DEL PROTOCOLO

Hay dispuestas tres sillas: una para el paciente, otra para el terapeuta y una tercera que está vacía. El paciente elige a una persona con la que experimenta dificultades.

1. La imagina sentada en la silla vacía.

El paciente puede acordarse de un momento preciso con esa persona. ¿Cuándo fue? ¿Dónde?

El paciente está en la escena, asociado, como un actor. Se sienta frente a su interlocutor, que ahora se encuentra en la dirección de la silla vacía. Los dos deben tener las mismas posturas que en aquella escena conflictiva.

«Le expresas a esa persona todas tus reivindicaciones, tus sufrimientos, tus deseos».

2. Observa su lenguaje corporal. Procura que la persona hable con todo su cuerpo. Su postura debe evolucionar, transformarse.

3. Haz que repita el movimiento (golpear, dar patadas...), que lo amplifique hasta que haya un cambio en el cuerpo.

Ahora la persona cambia de espacio. «Sales de ti mismo y entras en contacto con la realidad de esa persona; todo lo que vas a resentir es lo que resiente esa persona. Adopta su postura y exprésale al terapeuta todos los resentidos, las emociones y las experiencias interiores». A continuación, repetir los puntos 2 y 3.

Rehacer tantas transiciones como sean necesarias para alcanzar la transformación deseada.

Terminar siempre la sesión con el paciente sentado en su propia silla.

Nota

Si la persona está bloqueada y no es capaz de ponerse en el lugar del otro, pedirle simplemente que se acerque a él/ella, que entre un poco en contacto, que se retire y luego se acerque de nuevo. «¿Qué impresión te causa esto?»

Opcional

Puede ser útil que el paciente ocupe la silla y adopte la postura del terapeuta. Así puede inducírsele a dar un consejo a uno o al otro, de forma que se rompa el aspecto «duelo» del problema.

Observación

Es importante volcar bien todo el resentido antes de cambiar de silla. Después de cada etapa, tómate tu tiempo. Si el paciente empieza a hablar de sí mismo cuando está sentado en la silla del otro, interrúmpelo con suavidad y haz que vuelva a sentarse en su propia silla.

Protocolo Tímido nº 2
Romper lazos

- Nivel de dificultad: sillón.
- Índole: visualización.
- Indicaciones:
  — Dificultades para separarse de una persona o de un objeto.
  — Dificultades para aceptar una desaparición o muerte.
  — Fusión con un padre o con un hijo.
- Contraindicaciones: dificultades para visualizar.
- Objetivo: autorizarse para deshacer unos vínculos limitantes e inconscientes.
- Condiciones de realización: en primera instancia, con un terapeuta.
- Tiempo necesario: entre 30 y 40 minutos.
- Materiales: ninguno.

Introducción

En nuestras relaciones se distinguen dos tendencias: la soledad o la invasión. En términos generales, la invasión hunde sus raíces en una soledad mal vivida en el pasado. Recíprocamente, el hecho de encontrarse solo se debe generalmente a una invasión pasada.

Al romper simbólicamente unos lazos virtuales con una persona o con un objeto, esto nos permite volver a encontrar un punto más adecuado en nuestra forma de vincularnos con esa persona o con ese objeto. Algunos individuos a veces tienen miedo de romper unos lazos porque piensan que al hacerlo «perderán» al mismo tiempo el amor de esa otra persona. En realidad, no se trata de eso, sino más bien de cortar por lo sano las proyecciones compulsivas sobre esa persona o ese objeto. Eso es todo.

ETAPAS DEL PROTOCOLO

1. Determina una persona o un objeto con el que quieres romper los lazos.

2. Encuentra un recuerdo preciso con esta persona o con este objeto, una escena vivida con una emoción difícil, muy clara y consciente.

3. Exterioriza ese vínculo entre tú y la persona o el objeto que está delante de ti. Luego hazte esta pregunta: «¿Cuál es la naturaleza de este vínculo: hilo, cuerda, cadena...?».

Localiza el punto de enganche de este vínculo o vínculos en tu cuerpo y en el suyo.

4. Hazte la siguiente pregunta: «¿Por qué era importante mantener estos vínculos hasta ahora?».

5. Deshaz los vínculos utilizando, si es necesario, elementos de visualización exteriores (fuego, herramientas cortantes, cirugía...). Visualiza todo lo que sea necesario hasta una plena satisfacción. Cauteriza para no sufrir pérdida de energía.

6. Piensa de nuevo en el recuerdo del punto 2 y experimenta lo que ha cambiado.

7. Imagina un momento compartido con esta persona o este objeto, pero esta vez en el futuro. ¿Cuál es tu nueva experiencia interior?

Observaciones

Este protocolo puede unirse al ejercicio de la línea de tiempo.

Si la visualización es difícil, dale libre curso a tus dos manos para que puedan hacer todos los gestos que ayuden a la liberación.

Si algunos vínculos aún resisten, pregunta: «¿Por qué es importante que estos vínculos resistan?».

Protocolo Tímido n.º 3
Permanecer tranquilo ante las emociones ajenas

- Nivel de dificultad: taburete.
- Índole: visualización, presencia espacial.
- Indicaciones: dificultad para hacer frente a las emociones expresadas por otra persona.
- Contraindicaciones: dificultades para visualizar.
- Objetivo: aceptar emociones difíciles percibidas en otra persona.
- Condiciones de realización: con un terapeuta.
- Tiempo necesario: entre 30 y 40 minutos.
- Materiales: ninguno.

Presentación

A menudo estamos incómodos, a disgusto, indefensos, aterrorizados…, cuando nos hallamos ante alguien cercano, o incluso un desconocido, que expresa emociones como ira, sufrimiento, tristeza, etc.

Ante esta situación, existen diferentes formas de reaccionar: entre ser agresivo o salir corriendo, el resultado nunca es satisfactorio. Entonces ¿cómo lograr la actitud deseada? Eso es lo que propone este protocolo apoyándose en varias observaciones.

1. En primer lugar, ¡lo que me molesta en el otro está en mí! Y esa es, precisamente, la razón por la que estamos incómodos. Nos negamos a ver nuestra cólera, nuestra tristeza, nuestros lamentos..., y deseamos tanto que desaparezcan que al encontrarlos en el exterior nos dan ganas de... huir, por ejemplo.

2. En segundo lugar, solo hay una causa por la que cualquier emoción puede suponernos un problema: porque está petrificada. Y curarnos quiere decir volver a dotarla de vida. Induciendo un cambio en esta emoción, el único resultado posible es que evolucione y se convierta en un recurso.

No estás obligado/a a creerme antes de haber experimentado lo que sigue.

Etapas del protocolo

1. Encuentra una situación en la que te hayas sentido a disgusto cuando alguien expresaba una emoción desagradable. Elige una situación reciente o el recuerdo de una vivencia relacional que te duela cuando piensas en ella.

Ejemplo: «Estoy cara a cara con mi vecino, que expresa su cólera, grita..., y me siento mal; tengo ganas de salir corriendo».

2. Describe esta situación difícil. Verbaliza las sensaciones, el resentido, tu emoción. «Qué sientes ante esa persona encolerizada?».

Simboliza esa emoción:

Si esa emoción fuese una cosa, ¿qué sería? Ejemplo: un ascua.

¿De qué color? Rojo y negro.

¿Qué forma tiene? Cuadrada y puntiaguda.

¿Qué textura tendría?...

3. Localiza esa «cosa» (la creación descubierta anteriormente) en el espacio. Ejemplo: a tres metros de mí, a cierta altura y ligeramente a la derecha.

Visualiza ese holograma.

Entra en ese holograma, en ese espacio emocional. Conviértete en la emoción (ejemplo: la cólera); siente ese espacio desde el interior. Acepta entrar en contacto con lo que ha estado reprimido.

4. Deja madurar esa experiencia en el interior de tu cuerpo. El cuerpo sabe perfectamente lo que debe hacer.

Ejemplo: «Te propongo que entres en esa ascua, que te conviertas en esa ascua negra y roja».

La emoción que me molesta en el otro también está, casi siempre, en mí; pero está escondida, reprimida. No está expresada.

5. Adopta la postura corporal que mejor se ajuste a esta emoción, a este resentido. Tus brazos, piernas y tronco deben desplazarse como si bailases. Esculpe en el espacio la expresión de esa emoción. Ejemplo: de pie, con los brazos extendidos hacia el cielo y los pies separados o unidos. Deja actuar a tu cuerpo.

6. Luego acompaña la emoción, las sensaciones. Deja que evolucionen, que se transformen, a fin de liberarlas. Continúa así hasta la fluidificación completa y el reciclaje de la energía emocional.

7. Expresa las nuevas sensaciones, percepciones y transformaciones sentidas.

8. Por último, responde a esta pregunta: «¿Cómo me siento ahora cuando pienso en la persona que me molestaba?».

Observaciones

Si el espacio emocional es intolerable, el paciente puede acercarse al holograma, entrar un poco en él, progresiva o parcialmente, y luego salirse. El objetivo es volver a poner en movimiento la emoción.

Puede ser útil rehacer las etapas para reciclar las informaciones.

En una misma experiencia pueden aparecer varios resentidos.

Protocolo Tímido n.º 4
El Fénix en el bolsillo

- Nivel de dificultad: taburete.
- Indicaciones: cualquier tipo de problema.
- Contraindicaciones: profundos sufrimientos morales.
- Objetivo: descubrir tu herida y transformarla.
- Condiciones de realización: entre dos personas.
- Tiempo necesario: 30 minutos.
- Materiales: papel y lápiz.

Introducción

La idea de este protocolo es ir en busca de las heridas que pueden estar presentes en nosotros, aunque nos sintamos bien. Su objetivo también es permitirnos trabajar en las formas de ser instintivas y en las formas de reaccionar en situaciones de estrés. Esta es una invitación a transformar el universo real en universo onírico.

ETAPAS DEL PROTOCOLO

1. Imagino que hay un animal herido cerca de mí. Aún no sé dónde está. Lo busco.

Nota: es preferible definir un espacio preciso donde buscarlo. Por ejemplo, *en esta habitación* o *entre aquí y allí*.

2. Describo ese animal, la naturaleza de su herida, su postura en el suelo.

3. Adopto la misma postura que él. Siento la totalidad de mi cuerpo en esa postura de animal herido. Ajusto mi respiración a lo que siento (a menudo se vuelve entrecortada y superficial).

4. Progresivamente, voy a transformarme, a curarme. Visualizo o hago todo lo que me parece importante para acceder a mi curación y salir de este apuro.

Me doy cuenta de que esta curación me permite acceder a nuevas capacidades.

Gracias a esto, yo .... (completar esta frase).

Dejo que el animal que soy se transforme, se dote de aptitudes nuevas, reales o imaginarias (por ejemplo: un perro muy grande que, además, es capaz de volar).

5. Represento esta transformación en un símbolo que dibujo y guardo en mi bolsillo.

EPÍLOGO

Blancanieves sale de la consulta de Tímido.

Tímido se va de vacaciones a una gran ciudad donde se propone visitar tantos museos como pueda. Años atrás hubiese rehuido semejante plan, le explicó un día Tímido a Blancanieves. Se habría ido a una isla desierta y, sumido en sus ensoñaciones, hubiese disfrutado viendo pasar las horas. Sin más. Aislado del mundo. Ahora las cosas son muy distintas. Gracias a un trabajo personal, ha aprendido a cambiar su comportamiento y a afirmarse. Y logró que Blancanieves hiciese otro tanto. Cuando ella piensa de nuevo en la escena del patio del colegio en que se sentía observada, juzgada, desvalorizada por todos y cada uno de los niños, ya no se siente agredida por los otros, por sus miradas o sus pensamientos.

Ya no tiene que «borrarse», puesto que ya no se siente agredida por el otro, es decir, por sí misma. Con los nuevos protocolos de Tímido ha aprendido que «¡el otro soy Yo! Cuando le reprocho su cólera, es mi cólera la que rechazo». Reconciliada consigo misma, ¡está en paz con todos!

La cita con Gruñón ya está fijada.

¿Qué va a descubrir en la consulta de Gruñón? ¿Sus experiencias de separación, de abandono? ¿Cómo la desplazaron su padre y sus compañeros de colegio? En realidad, puesto que el otro es ella, esto equivale a decir: «Cuando creo estar separada del otro, ¡es de mí misma de quien estoy separada!». Sin embargo, paciencia; de momento Blancanieves deja que su cerebro organice todas las nuevas experiencias adquiridas en la consulta de Tímido.

Notas personales:

3. GRUÑÓN

PRÓLOGO

Al cabo de tres semanas justas llega el momento de la cita con Gruñón, ¡que vuelve de un seminario donde ha corrido mucha tinta y mucho papel! Además, en su consulta, Blancanieves descubre gran número de lápices de colores, objetos de todas clases y muñecas de trapo. Sin más preámbulos, Gruñón le pide que dibuje su objetivo.

—¿Quiere decir que escriba mi objetivo en una hoja de papel?

—¡No, dibújalo!

—¿Pero cómo dibujar «curar mi vitíligo»?

—Cogiendo una hoja, poniéndola frente a ti, sujetando el lápiz que prefieras y dando libertad a la mina para que corra o camine por tu hoja de papel…».

CUESTIONARIO SOBRE MIS REACCIONES

Aunque para la persona sea difícil observarlo, es normal que cambien nuestros propios comportamientos; pero estos cambios son fácilmente percibidos por el otro, y así nos lo demuestra. Cuando alguien nos desvela y saca a la luz nuestra propia conducta, puede ser tentador despacharlo con un: «¡Si no le gusta, tanto peor para él!». Pero si nuestra historia está jalonada de fracasos, nuestra reacción se volverá más bien introvertida y tenderemos a pensar: «Soy una nulidad, nunca saldré adelante».

Por supuesto, entre estos dos extremos, entre el rechazo y la culpabilidad, hay múltiples posibilidades.

El objetivo de los dos cuestionarios que vienen a continuación es aportarle aún más conciencia a tu cuerpo y proporcionarte más posibilidades donde elegir.

PRIMERA PARTE DEL PROTOCOLO

1. Te invito a completar las siguientes frases concentrándote en tus comportamientos:

— Si tengo problemas con un hombre, yo…
— Si admiro a una mujer, yo…
— Cuando estoy furioso, yo…
— Si estoy triste, yo…
— Si alguien no ha cumplido lo que me prometió, yo…
— Si tengo dificultades con una mujer, yo…
— Si admiro a un hombre, yo…
— Cuando estoy celoso/a, yo…
— Cuando alguien me hace un reproche, yo…

Una misma causa puede provocar varias reacciones distintas, así que debes permitirte escribir TODO lo que se te pase por la cabeza, sin discriminaciones.

2. Ahora evalúa tus respuestas. Califícalas en función de lo que te parezca adecuado, de 0 a 10; un 0 corresponderá a cualquier reacción que consideres realmente exagerada, mientras que un 10 validará una reacción que juzgues adecuada a las circunstancias.

SEGUNDA PARTE DEL PROTOCOLO

1. Dirígete a las personas de tu entorno y pregúntales cuáles son los comportamientos que mejor te caracterizan:

— Obstinado
— Nunca toma una decisión
— Testarudo
— Colérico
— Habla todo el tiempo
— No escucha
— Enfurruñado
— Encantador
— Compulsivo
— Tiene prejuicios
— Desmoralizador
— Estrecho de espíritu
— Muy trabajador
— Tenso
— Mentiroso
— Obsesionado
— Molesto

— Egocéntrico
— Desordenado
— …

2. Pregúntate ahora qué es lo que menos soportas en los otros… utilizando la misma lista. Establece la relación que existe entre lo que te reprochan y lo que tú le reprochas a los demás.

Protocolo Gruñón n.º 1
La pelota de papel o cómo revelar y transformar nuestras relaciones

- Nivel de dificultad: sillón.
- Índole: simbólica.
- Indicaciones: toda clase de dificultades relacionales, con personas, gérmenes, insectos, alimentos...
- Contraindicaciones: ninguna.
- Objetivo: liberar tu resentido sin tener que acceder a tu historia pasada.
- Condiciones de realización: primero con un terapeuta y luego solo, cuando la soltura adquirida con la costumbre empiece a ser natural.
- Tiempo necesario: 40 minutos.
- Materiales: papel y lápiz.

Introducción

Este protocolo permite resolver todo tipo de bloqueos físicos, psíquicos o emocionales.

ETAPAS DEL PROTOCOLO

1. Elige la relación difícil que desees mejorar. Ejemplo: una persona con la que te sientas mal, que te desagrade, o un animal, un objeto, un alérgeno, una actividad altamente conflictiva: X.

2. Coge una hoja rayada o blanca. Escribe en grandes caracteres el nombre de esa persona, animal, etc., o bien sus iniciales, un símbolo, etc.

3. Escribe de nuevo, varias veces, ese «nombre», con la mano derecha y con la izquierda, por ambas caras de la hoja, en letras grandes y en letras pequeñas…

4. Estruja la hoja de papel hasta hacer una pelota.

Acerca la pelota a tu boca. Observa lo que ocurre. Alternativamente, aleja y acerca la pelota de la boca. Observa lo que ocurre en ti. Repite estos gestos hasta que te sientas cómodo con la pelotita cerca de tu boca. Si el malestar es muy agudo, habla del asunto con alguien.

Pasa la pelota por tu cuerpo y déjala quieta en los lugares donde tu cuerpo reaccione emocionalmente, hasta que cese esa reacción en dicho lugar; luego cambia la pelota de sitio. Si es preciso, habla con alguien de tu resentido hasta que este se transforme; esto es válido para cada etapa del protocolo.

Siéntate encima de la pelota. Observa.

Coloca la pelota debajo de tus pies, primero de uno y luego del otro. Observa.

Vuelve a poner la pelota delante de tu boca. Si X es una persona, ¿qué quiero decirle a X? ¡Y se lo digo! Si se trata de un animal, de un alimento, etc., le hablo como si fuese una persona.

¿Qué me gustaría hacerle a X? ¡Se lo hago a la pelota!

¿Qué necesita X realmente para ponerse en movimiento? Si necesita una sacudida, lanzo la pelota por el aire, etc.

Me dejo apercibir de lo que X necesita de verdad para conectarse con «ella» misma.

Simbolizo lo que a mi juicio es necesario para que se dé una profunda transformación en X. Conecto esta «cualidad» con mi interior.

A continuación vuelvo a pasar la pelota por mi cuerpo con esa «cualidad» integrada.

Acerco de nuevo la pelota a mi boca y le digo lo que quiero decirle a X.

5. Escribo mis impresiones después de esta experiencia.

6. Guardo un pedacito de la pelota y dispongo del resto según mi resentido. ¿Qué hago con ella? Tirarla, arrojarla al agua, quemarla... Sea lo que fuere, lo hago lo antes posible.

El pedacito restante es un testigo de las vivencias de mi jornada y dejo que desaparezca de modo natural.

Observación:

Este protocolo nos lleva a descubrir con claridad que hay dos realidades conflictivas: rechazar que algo o alguien se acerque a nosotros o bien no poder librarnos de un sentimiento que habita en nuestro interior.

Protocolo Gruñón n.º 2
Deshacer la historia de una dificultad

- Nivel de dificultad: taburete.
- Índole: línea de tiempo.
- Indicaciones: emocional.
- Contraindicaciones: estado depresivo, malestar grave.
- Objetivo: deshacer conflictos en su origen, en un tiempo y un espacio precisos.
- Condiciones de realización: con un terapeuta.
- Tiempo necesario: entre una hora y hora y media.
- Materiales: objetos pequeños para marcar la línea de tiempo.
- Prerrequisitos: haber hecho líneas de tiempo sobre resentidos agradables.

Introducción

La línea de tiempo nos permite viajar en un espacio virtual, ya sea agradable o conflictivo. El hecho de desplazar simbólicamente el cuerpo al pasado permite acceder a un evento programante o estructurante de tu propia historia.

Etapas del protocolo

1. Imagina en el suelo una línea virtual que va desde tu concepción hasta hoy.

2. Localiza en ti el resentido en el que quieres trabajar. Ejemplo: percepción interna del miedo a morir a causa de un *temblor en el vientre*.

Para localizar el primer momento en tu vida en que tuviste ese resentido, colócate sobre la línea de tiempo imaginaria «trazada» en el suelo, justo en el punto «hoy», y retrocedes hacia el pasado hasta contactar con esa sensación primigenia. Si vas demasiado lejos en la línea de tiempo, la sensación desaparecerá.

3. Localiza la zona bisagra entre la ausencia y el comienzo de la sensación.

Instálate en esta zona bisagra y déjate recorrer por tu resentido: las emociones, las imágenes, las diversas sensaciones, los dolores, los colores... Expresa todo lo que te viene.

4. Si es necesario, hazte estas tres preguntas DESPUÉS de haber vivido y volcado el contenido emocional del evento:

— ¿Qué hubiese necesitado en aquel momento? Permítete responder todo lo que sea preciso.
— ¿Qué creencia engendró este evento en tu vida? Permítete responder todo lo que sea necesario.
— ¿Hay alguna parte de mi cuerpo que aún guarde memoria de este evento? En caso afirmativo, ¿cuál? Deja que esa parte exprese todo lo que sea necesario hasta que su contenido se borre y quede liberada.

5. Poco a poco, avanza y retrocede hasta el presente sintiendo las modificaciones en tu cuerpo.

6. Observa el resentido en el que acabas de trabajar (por ejemplo, el miedo a morir); verifícalo en el momento presente de la línea del tiempo.

7. Ahora da un paso hacia adelante para instalar tu resentido de bienestar en el futuro.

Observación

Este protocolo es muy potente. Muchas personas se asombran al comprobar la cantidad de detalles que son capaces de extraer de sus recuerdos. Crear una línea de tiempo virtual facilita en gran medida el acceso a tu inconsciente.

Protocolo Gruñón n.º 3
Desbloquear un dolor físico

- Nivel de dificultad: taburete.
- Índole: visualización, búsqueda interior.
- Indicaciones: toda clase de dolores físicos o morales.
- Contraindicaciones: dolores insoportables o que se agravan al pensar en ellos.
- Objetivo: disminuir o eliminar un dolor físico.
- Condiciones de realización: preferiblemente, con un terapeuta.
- Tiempo necesario: entre 30 y 40 minutos.
- Materiales: ninguno.

Introducción

Este protocolo a veces funciona de forma milagrosa. Parte del siguiente principio: lo que le resulta insoportable al cerebro ¡es la ausencia de referencias!

Poner tu dolor en palabras, situándolo en una escala de importancia, ya es curativo de por sí. En ocasiones habrá que ayudar al paciente a describir exactamente lo que le pasa. La descripción se irá transformando a lo largo de toda la sesión. Hay que dirigir al paciente hacia su resentido. Utiliza las características siguientes a fin de describir mejor las sensaciones.

Dolores:

— Batiente
— Descarga eléctrica
— Fogonazo
— Martilleante
— Pinchazo
— Puñalada
— Pellizco
— Apretón

— Compresión
— Aplastamiento
— Atenazante
— Triturante
— Tirante
— Desgarramiento
— Torsión
— Arrancamiento
— Calor
— Quemadura
— Frío
— Hormigueo
— Comezón
— Entumecimiento
— Pesadez
— ...

ETAPAS DEL PROTOCOLO

— ¿Dónde te duele?
— ¿Cuándo apareció el dolor por primera vez?
— El paciente debe describir el dolor: «Es como...».
— ¿Qué forma tiene?
— ¿De qué color es?
— ¿Qué densidad tiene?

Una descripción precisa nos conducirá al conflicto preciso y exacto.

— ¿Qué agrava este dolor? (es lo que desencadena el conflicto).
— ¿Qué es lo que alivia el dolor? (es lo que aleja el conflicto).
— Definir una escala de intensidad que vaya del 0 (ausencia de dolor) al 10 (dolor insoportable). Esta escala nos permitirá evaluar los cambios de percepción que el paciente tiene de su dolor.

Si el dolor persiste es que estamos en presencia de un bio-shock programante más antiguo. En este caso, hay que deshacer el impacto emocional. El terapeuta pregunta entonces:

— ¿Has tenido alguna vez un shock que se parezca a estas sensaciones de dolor?

— En caso de respuesta afirmativa, ¿cuándo fue?
— ¿Dónde fue?
— ¿Qué ocurrió?
— ¿Qué sentiste en aquel momento?
— ¿Con quién estabas?
— ...

Continúa hasta que el resentido emocional y el dolor disminuyan.

Observación

Si se trata de dolores de regla, añadir entre las etapas 2 y 3: «¿En qué momento del ciclo estás? ¿A qué corresponde este momento para ti? ¿Cuál es tu relación con la autoridad? ¿Qué recuerdos tienes de tus primeras reglas?».

Protocolo Gruñón n.º 4
Curación a través del dibujo

- Nivel de dificultad: sillón.
- Índole: dibujo.
- Indicaciones: cualquier clase de dificultades.
- Contraindicaciones: ninguna.
- Condiciones de realización: solo o con un terapeuta.
- Tiempo necesario: de 15 a 20 minutos.
- Materiales: hojas de dibujo o una pizarra blanca, lápices, rotuladores.

Introducción

Desde el principio de los tiempos, el arte les ha permitido a numerosos artistas y creadores exteriorizar sus conflictos bio-psico-genealógicos. El arte-terapia goza hoy de un reconocimiento real; permite hacer emerger informaciones por un cauce distinto a la expresión verbal.

Los objetivos definidos al comienzo de la sesión, antes de elaborar el dibujo, pueden variar. Estos objetivos permiten abordar distintos aspectos de uno mismo, aspectos que pueden ser biológicos, emocionales, relacionales, familiares, espirituales…

El dibujo revela elementos inconscientes del individuo; observar y comprender estos elementos en plena conciencia abre la vía del cambio.

El inconsciente

Los psicoterapeutas, psicoanalistas, neurólogos, psiquiatras o biólogos difieren en la representación que se hacen del inconsciente; ¿y tú?, ¿cuál es tu representación?

En cuanto a mí, en vez de pertenecer a una camarilla —siempre son un poco estrechas de miras—, me parece mucho más interesante comprender su complementariedad. El inconsciente es, por una parte, el depósito de conflictos y neurosis; por otra, un potencial, una fuerza vital y un conjunto de recursos ilimitados que nos permiten resolver nuestros problemas y crear nuevas soluciones para uno mismo, para el entorno y tal vez también para la humanidad. Estos dos aspectos del inconsciente escapan a nuestro consciente. La curación a través del dibujo puede hacer posible su manifestación.

Para ganar en eficacia, nuestro inconsciente se comunica con el «exterior» mediante símbolos, principalmente. Observando estos símbolos es posible acceder al inconsciente, entrar en contacto con creencias y conflictos limitantes, que podremos modificar, o con puntos de referencia y recursos, si eso es lo que queremos.

Así, dando vía libre a nuestros deseos de dibujar o representar esto o aquello, accedemos fácilmente a una parte de nosotros mismos. Luego, una vez terminado el dibujo, dejamos emerger nuestro resentido para, a continuación, transformar ese dibujo hasta estar completamente satisfechos. Por supuesto, podremos transformarlo tantas veces como lo consideremos necesario.

ETAPAS DEL PROTOCOLO

1. La elección del tema

Para elegir el tema de tu dibujo, encuentra **el resentido principal que emerge** de tu dificultad o de tu búsqueda. Estos son algunos ejemplos de temas:

— Cómo veo mi proyecto profesional
— Mis vínculos con...
— Mi familia

— Mi relación con el dinero
— Mi órgano enfermo
— Mi cuerpo
— Mi identidad
— Mis recursos inconscientes
— …

2. Hago mi dibujo

a) Me tomo todo mi tiempo y procuro que nada ni nadie me moleste (teléfono, niños, etc.).

b) Preparo mis materiales de dibujo: papel, lápices de colores…

c) Elijo un tema que escribo en el dorso de la hoja con la fecha y hora (esto es importante si vas a hacer varios dibujos el mismo día).

d) Hago mi dibujo.*

e) Coloco mi dibujo a cierta distancia y lo miro mientras me hago las siguientes preguntas: «¿Cómo me siento? ¿Cuál es mi resentido? ¿Qué me apetece ahora?».

f) Retomo mi dibujo y lo modifico.

g) Me alejo de él y lo observo. Si es necesario, lo modifico de nuevo.

h) Sigo con estas etapas hasta que me sienta totalmente satisfecho.

i) Conservo mi dibujo o lo destruyo.

Este protocolo puede ser ampliamente utilizado para todo tipo de situaciones.

* *Variante*: El punto d también puede hacerse con los ojos cerrados.

3. ¿Cómo transformar tu dibujo?

Varias posibilidades se abren ante ti:

a) Lo transformas directamente con los mismos colores.

b) Añades nuevos colores para observar mejor lo que modificas.

c) Pegas otra hoja de papel en los bordes de la primera para agrandar la superficie y modificar el dibujo.

d) Rehaces el mismo dibujo, día tras día, conservando el mismo tema pero sin intentar copiar el dibujo precedente.

e) Bien... Hay otras muchas posibilidades.

A menudo aconsejo las opciones b y d, pero eres tú quien debe elegir, sabiendo que tus preferencias de trabajo pueden cambiar de un día para otro.

4. ¿En función de qué modifico el dibujo?

Puedo modificar algunos elementos hasta obtener un resentido agradable cuando miro el dibujo. Puedo cambiar los colores, las formas, los vínculos que unen a los personajes... Comprende sin la menor duda que todo es posible, que tu trabajo se apoya en tus deseos de transformación y en tu resentido hasta quedar plenamente satisfecho.

La interpretación

El objetivo no es interpretar el dibujo, ya que eso rompería el vínculo. Aquí el propósito es más bien dejarse guiar por la transformación de ese dibujo.

Una práctica repetida de la curación a través del dibujo aumenta la toma de conciencia. Si aparecen determinados símbolos, en ningún caso intentes desentrañar su significado mediante una interpretación intelectual, o con lecturas o juicios ajenos a ti. Hazte simplemente la siguiente pregunta: «¿Qué representa esto para mí?». Todas las informaciones necesarias para tu curación están ahí, presentes en ti. Deja que se manifiesten. Es un viaje agradable.

Por supuesto, si en algún momento sientes la necesidad de que te ayuden, no dudes en pedirlo.

Algunos ejemplos

Un hombre de cuarenta años acudió a mi consulta por un trastorno de inmunidad y un problema de identidad. Le pedí que dibujase su autorretrato varios días seguidos y que escribiera todo lo que se le pasase por la cabeza sobre sí mismo. Tras seguir mis instrucciones, modificando su cara en múltiples ocasiones, al cabo de un mes se dio cuenta de que podía «pertenecerse», ser dueño de sí mismo, y romper el vínculo negativo que tenía con sus padres. Y que esto sería beneficioso tanto para él como para ellos.

Tras el diagnóstico de un quiste en un ovario, una mujer de veinticinco años empezó a dibujar con regularidad. Entonces descubrió que siempre incluía una calavera en su vientre. Esto la condujo a hablar con su madre, que le relató un periodo de angustia relacionado con una pérdida familiar que había vivido durante su embarazo. Mi paciente comprendió que llevaba en su interior una angustia que no le pertenecía; así pudo «deshacerse de ella». Vivió su operación sin ninguna angustia y su recuperación fue muy rápida.

P. S.:
«Por favor, dibújame un cordero» [1].

[1] *El principito*, de Antoine de Saint-Exupéry.

Protocolo Gruñón n.º 5
Cómo tratar un bio-schock con impacto físico

- Nivel de dificultad: cama de clavos.
- Índole: técnica de regresión.
- Indicaciones: dolores o malestares físicos a consecuencia de accidentes recientes o antiguos.
- Contraindicaciones: trastornos mentales importantes.
- Objetivo: desbloquear una memoria corporal ligada a un shock.
- Condiciones de realización: con un terapeuta.
- Tiempo necesario: entre una hora y hora y media.
- Materiales: asiento para estar cómodamente sentado.

Introducción

Te propongo una metodología muy práctica para resolver mejor los conflictos traumáticos físicos. Pero antes que nada: ¿qué es un bio-shock traumático?

Un bio-shock traumático es un shock físico y emocional ligado a un accidente que afectó la integridad corporal de una persona (herida, golpe, accidente, caída...).

No incluiremos operaciones quirúrgicas, rupturas psíquicas, nacimientos difíciles ni problemáticas transgeneracionales, pues los procedimientos para estos temas serán abordados en otros protocolos.

Es frecuente que después de un traumatismo la persona no recuerde nada de las circunstancias de dicho evento. Podemos considerar que hay un conflicto cuando la persona afectada por el traumatismo constata la modificación de sus percepciones (dolores residuales, angustia, cambios de actitud...).

En primer lugar, veamos cuál es la conducta que se ha de seguir ante un traumatismo físico, antes de que este se convierta en un bioshock traumático.

Reglas generales relativas a los traumatismos físicos

Ante todo, es necesario brindarle al herido los primeros auxilios, prácticas bien conocidas por los bomberos. (Por cierto, es aconsejable que todos los terapeutas hagan un curso de primeros auxilios).

— Evita los accidentes en cadena; protege al herido.

— Avisa a urgencias.

— Encuentra una postura aceptable para el herido.

— Habla pausadamente con él. Después de un shock, la persona está literalmente en estado de hipnosis y, en la mayoría de los casos, no recordará nada de lo dicho.

— Evita los diagnósticos («Esto tiene mal aspecto», «Es probable que tengas la pierna rota») y los juicios («¿Por qué no me hiciste caso? Siempre lo mismo; te empeñas en hacer lo que te da la gana»). Los Tú, Tú, Tú ponen al herido en estado de acusación.

— Es preferible: «¿Qué sientes? ¿Qué sensaciones tienes? Mira a tu alrededor: ¿qué ves?».

— Alterna preguntas de resentido con preguntas de observación exterior que permitan a la persona desconectarse de la escena traumatizante. En efecto, un traumatismo provoca una ruptura de la persona con su entorno. En ese momento, su cerebro puede considerar todo lo que lo rodea como una fuente de peligro. Más adelante, cualquier parecido con ese entorno puede sugerir un peligro y engendrar así, meses o años más tarde, síntomas que se parezcan a los del accidente. «El coche que me atropelló era rojo; el rojo aún me perturba veinte años después».

Etapas del protocolo

Durante el procedimiento de reactivación del bio-shock traumático (descrito más adelante), es necesario hacer determinadas preguntas para que el paciente se interese por todas sus sensaciones (auditivas, visuales, sensitivas y orgánicas) y concentre su atención en sus creencias. Ejemplo: «Nunca más saldré sin mi madre», «Nunca volveré a tocar una bicicleta», «Caminar por la calle es peligroso...».

1. Elegir un evento traumatizante concreto y preciso.
2. Regresión y regreso al bio-shock traumático, bien por visualización, bien mediante una línea de tiempo.
3. ¿Qué decisión tomó a consecuencia del accidente? Ejemplo: no confiar nunca más en los otros; nada de aventuras; quedarse en casa, en terreno conocido...
4. Primer itinerario: hacer que el paciente vea el evento de lejos, como una proyección de cine. Al final de la proyección, hacer que cuente sus impresiones sobre el accidente: «¿Qué impresiones guardas del accidente?».
5. Segundo itinerario: acercarle la imagen, como si se acercase a una pantalla. Hacer que narre de nuevo sus sensaciones.
6. Tercer itinerario: hacer que se «convierta» en la imagen y que la viva como si el evento tuviera lugar en ese momento. El paciente está asociado a la experiencia, la vive desde el interior. Lograr que cuente de nuevo sus sensaciones.
7. Si es necesario, pueden contemplarse más itinerarios, a fin de que la persona adquiera plena conciencia de todos los aspectos de su traumatismo.
8. Regreso al tiempo presente y observación del conflicto pasado. «¿Aún tienes resentidos de esa experiencia?».
9. La decisión que tomaste tras el accidente (punto 3) ¿aún sigue siendo válida hoy?

Síntomas de que el procedimiento ha sido un éxito

La persona vuelve a experimentar viejos dolores y sensaciones, y luego desaparecen.

Las imágenes se diluyen y se borran.

Protocolo Gruñón n.º 6
Siete etapas para resolver un problema

- Nivel de dificultad: taburete.
- Índole: verbal.
- Indicaciones: desarrollo personal, resolución de dificultades, de recuerdos, de problemas sin solución aparente. Toda clase de problemas que supongan una inmovilización física o psíquica.
- Contraindicaciones: ninguna.
- Objetivo: liberar esas zonas de atención que aún están atascadas en algunos problemas.
- Condiciones de realización: con un terapeuta.
- Tiempo necesario: 30 minutos.
- Materiales: papel, bolígrafo y, eventualmente, lápices de colores.

Introducción

Un problema que debes resolver es un tránsito necesario que permite una transformación o una evolución interior. Aprender a resolver tus problemas también es independizarte de tu infancia, cuando un padre o un adulto tal vez quiso ayudarte facilitándote soluciones en vez de atenderte y comprender tu problema.

Este es un protocolo para ayudarte a ser creativo ante los problemas que puedes encontrarte.

ETAPAS DEL PROTOCOLO

1. Definir el problema

Esta etapa, que a primera vista puede parecer fácil, exige un tiempo de reflexión o de diálogo para ser plenamente completada. La definición que te invito a encontrar debe ser muy concreta y «resonar» en ti, ¡en tu cuerpo!

2. Inventariar las soluciones

Haz libremente el inventario de todas las soluciones posibles sin juzgarlas ni censurarlas. Autorízate a ser delirante. Puedes organizar estas soluciones en un esquema creativo.

3. Evalúa las soluciones encontradas

Algunas van a generar nuevos problemas y otras resultarán imposibles de poner en práctica, pero encontrarás algunas que te parecerán pertinentes. Tómate un poco de tiempo para reunir nuevas informaciones surgidas en esta etapa de evaluación.

4. La toma de decisiones

Tras la evaluación que acabas de hacer, descollará una solución como la más pertinente y la más digna de considerar por el momento.

5. Ejecución de la decisión

Para hacer que esta solución sea operativa, seguramente tendrás que escribir una lista de tareas por ejecutar; procura que estas tareas sean lo más sencillas posible. Durante esta fase de ejecución es conveniente no reflexionar demasiado. ¡Actúa!

6. Evaluación de los resultados

Gracias a la etapa precedente, tus acciones obtendrán una serie de reacciones o respuestas. Estos retornos te permiten revaluar tu problema en función de los objetivos alcanzados. ¿Cómo te sientes ahora?

7. Revaluación del problema inicial

Puede que los resultados sean satisfactorios y que tu problema se solucione. Pero también puede ocurrir que no lo sean, y entonces debes reformular con más precisión este problema no resuelto y volver al punto 1.

Observaciones

El fracaso no existe. El fracaso es una invitación a descubrir primero y a tener en cuenta después una información secreta que habías pasado por alto.

Si tu problema se mantiene, hazte esta pregunta mágica: «¿Por qué es importante para mí la persistencia de este problema?».

Medita sobre esta cuestión... y sobre la respuesta.

EPÍLOGO

¡Ya está! Blancanieves ha encontrado el porqué de su enfermedad de la piel. ¡El porqué de esa blancura en todo su cuerpo! Ya sabe por qué un día, cuando tenía quince años, su piel dejó de broncearse.

Al principio fueron como unas placas, tan blancas como la pureza de la inocencia, las que macularon sus manos. Luego las muñecas y los brazos, el rostro, y finalmente fue el cuerpo entero el que se negó a hacer de pantalla entre el sol y ella. Pues ese cuerpo quería que todo lo traspasase, la luz, el calor, los rayos ultravioleta. Por descontado, Blancanieves se quemó tanto que tuvo que protegerse del astro que amaba y que al mismo tiempo la hacía sufrir: ¡el Sol!

Gracias a Gruñón, encontró el evento que estaba en el origen de esa enfermedad de la piel, un evento iniciático, fundador, que programó su sensibilidad: «Dejada de lado de mala manera». Así, muchas experiencias posteriores entraron en esa categoría, en esa sensibilidad precisa, «dejada de lado de mala manera»: traicionada por Natalia, que prefería jugar con Amanda a pesar de que Virginia le había dicho que Amanda no apreciaba a Natalia; o aquel día en que la maestra le regañó, o aquel otro en que su gatito desapareció para siempre. En cada una de estas ocasiones, Blancanieves se sentía «dejada de lado de mala manera», cuando cualquier otra chica en su lugar hubiese sentido ira o tristeza. Así hasta el drama que tuvo lugar a sus quince años: su padre decide no ocuparse más de ella, ya que su esposa siente celos y quiere ser la más hermosa. Un día, frente al espejo del cuarto de baño, le preguntó a su marido:

—Cariño, dime, ¿quién es la más hermosa en el reino de tu corazón?

—Pues tú, amor mío..., aunque nuestra hija cada día está más radiante y siento una inmensa felicidad cuando la veo cerca del pozo, cantando y riendo, bailando y haciendo sus deberes entre las mariposas que revolotean y los rayos del astro diurno...

Eso fue demasiado para la madre de Blancanieves, que le hizo una escena a su marido. A partir de ese día, él se desentiende de su hija, no vuelve a fijarse en ella ni a hacerle cumplidos.

Sin embargo, este evento es como un eco del drama fundador.

Blancanieves tiene siete años y medio y está feliz por sus buenas notas. Busca a sus progenitores y al primero que encuentra es a su padre. Son exactamente las siete y media de la tarde. La niña está orgullosa, feliz, con una sonrisa en los labios y el corazón abierto. El padre está cansado y le duele una muela. Se produce el shock, el encuentro de una masa de aire caliente y una masa de aire frío. Estalla la tormenta en un cielo sereno hasta esos instantes. Un trueno y luego nada. Vuelve una calma aparente. Pero el rayo ha golpeado fuerte y profundo. La niña se siente dejada de lado por su padre de mala manera, de forma injusta. Sin embargo, no puede decir nada contra él, ya que lo quiere mucho. ¡Si no lo amase tanto, la separación no le importaría! Y como lo quiere, no puede estar resentida con él; solo sufrir en silencio y esperar que se acerque a ella. Blancanieves se prepara en este sentido y abre su piel para recibir hasta la más diminuta gota de luz que él deje escapar...

Gruñón la llevó a encontrar ese instante gracias a «la línea de tiempo sobre el resentido problemático» identificado con el «ejercicio de la pelotita». El protocolo de Tímido, «clarificar una relación difícil», le permitió trabajar sobre la relación con su padre. Las explicaciones de Mocoso establecieron el vínculo entre su enfermedad (el vitíligo) y sus emociones. Dormilón le enseñó a ver con perspectiva sus vivencias, y Feliz, a encontrar recursos en el fondo de sí misma para conseguir sacar partido de esa escena. El beneficio inmediato es poder revivir todas las experiencias pasadas que experimentó con ese mismo resentido —ser dejada de lado de mala manera— con calma y felicidad. Pero el mayor beneficio es, sin duda, no tener nunca más ese resentido.

Entonces, por supuesto, nace en ella una evidencia: la de estar curada para siempre. Así que: ¿por qué seguir? ¿Qué sentido tiene ir a ver a otro terapeuta, por muy gigante que sea? Y encima se llama Mudito.

«En verdad que solo la experiencia te dará la respuesta».

Pues Blancanieves aprenderá que si la enfermedad está ahí para decirnos con toda precisión cómo recobrar la salud, ¿para qué está la salud? ¿Cuál es su objetivo, su sentido?

¿Qué hacer con un cuerpo sano? ¿Nos curamos pensando solo en nosotros mismos? ¿Cuándo es un logro? Mudito cree lo contario: una mujer o un hombre que dicen estar felices y con una salud perfecta, pero que no tienen ninguna vida social, que solo se preocupan por sí mismos y que no le hacen un favor a nadie, no han completado su camino de crecimiento, ni de lejos...

Notas personales:

Quinta parte

MUDITO

—Verás, Blancanieves —le dice Mudito—, nadie se cura pensando en uno mismo, sino en mucho más que uno mismo. Por supuesto, puedes comer sola toda tu vida, pero es posible que tus platos tengan más sabor si los compartes con un amigo, con una persona necesitada, con quien tú quieras. Cuando viajamos, el paisaje cambia al contarlo. Es el impulso de hacer feliz lo que aumenta nuestra alegría y, luego, la de los demás, y de nuevo la nuestra…, y así indefinidamente.

Cuestionario sobre mi vida

Este cuestionario, un poco especial, es el último del libro. Está aquí para darte ganas de «+ Más +» en tu vida. ¡Está aquí para guiarte por el camino de tus sueños más locos!

¿Y si concentrases tu atención en tu vida y tuvieses una varita mágica?... ¿Y si imaginases que tu vida no se reduce únicamente a tus deberes, tus preocupaciones y tus conflictos...? ¡¿Y si tu futuro no tuviese nada que ver con lo que has vivido en el pasado?!... Aunque no sea más que un sueño, responde a las siguientes preguntas como si fuese la realidad del presente. Respóndelas con la mayor cantidad de detalles posible.

Proyéctate en el futuro de tus sueños y de pronto ese futuro se convertirá en un presente plenamente satisfactorio.

— Me gusta mi vida presente. ¿Cómo es?
— Gozo de perfecta salud? ¿Cómo la aprovecho?
— Tengo una relación muy enriquecedora con mi pareja. ¿Cómo es dicha relación?
— Mantengo unas relaciones muy agradables con los miembros de mi familia. ¿Cómo son los intercambios?
— Mis relaciones profesionales me ayudan a crecer y soy creativo en mi profesión. ¿En qué trabajo?
— Vivo en el lugar exacto donde siempre había deseado vivir? ¿Dónde está ese lugar? ¿Cómo es?
— Soy uno con los valores que fundamentan mi vida e incluyo mi espiritualidad en mi día a día. ¿Qué siento?
— ¿Cuál es el deseo, la proeza, esa cosa especial que me gustaría realizar ahora?

Completa muy rápidamente estas dos frases:

— Si pudiese, me gustaría...
— Antes de morir quiero...

Ahora tienes la posibilidad de estar en contacto con tus deseos más inconscientes. Aprovecha esta oportunidad y convéncete de que tus ensoñaciones pueden hacerse realidad a partir de tu realidad presente. Esto puede exigirte una progresión, unas etapas. ¡Durante toda la historia, la humanidad ha progresado gracias a los sueños más inconcebibles!

Protocolo Mudito n.º 1
Volverte consciente de tu cuerpo

- Nivel de dificultad: hamaca.
- Índole: vida cotidiana.
- Indicaciones: todas.
- Contraindicaciones: ninguna.
- Condiciones de realización: en todas partes.
- Materiales necesarios: nada y todo; uno mismo.

Introducción

Durante demasiado tiempo, el contacto con sus resentidos ha sido un coto privado de los artistas. Te propongo abrir este aspecto en tu vida diaria y observar con regularidad lo que ocurre dentro de ti.

ETAPAS DEL PROTOCOLO

1. En primer lugar, detente unos instantes donde estés.
2. Imagina que una cámara recorre el interior de tu cuerpo.
3. Concéntrate en tus ojos y observa las crispaciones y las distensiones, la abertura de tus ojos, tu frente, justo aquí y ahora.
4. Haz lo mismo en tu vida cotidiana. De vez en cuando, enciende tu cámara interna a la altura de los ojos.
5. Cuando hayas hecho esto varios días seguidos, tus ojos se habrán convertido en una fuente de información de tu resentido.
6. Haz lo mismo
   - Con tu boca y con tu mandíbula.
   - Con tus orejas.

- Con tu nariz.
- Con tus papilas gustativas, con tu sentido del gusto.
- Con tus gestos y con tus movimientos corporales.
- Con tus músculos, tus nervios y tu postura.
- Con tus pensamientos.
- Con tus sensaciones interiores.

7. Cada vez que sea posible, y a modo de entrenamiento, encuentra una imagen, una metáfora y, por último, una palabra que se acerque y califique lo más exactamente posible tu experiencia interior.

El objetivo es despertar realmente la conciencia de tu resentido en tu vida cotidiana. Este protocolo te permite crear una base de referencias en los diferentes aspectos de tu resentido. Cuando hayas practicado con suficiente perseverancia, tu resentido se revelará por sí solo en ti y se enriquecerá progresivamente con una gama de matices cada vez más finos y precisos.

Ahora es cosa tuya asimilar todas esas nuevas informaciones.

Testimonio:

Bernard: «Desde que hago este ejercicio, me doy cuenta de que hay una vida muy intensa desarrollándose en mí. ¡Y yo que pensaba que no sentía nada!».

Protocolo Mudito n.º 2
Una ducha de sol

- Nivel de dificultad: hamaca.
- Índole: visualización.
- Indicaciones: desarrollo personal, prevención, eliminación del estrés.
- Contraindicaciones: ninguna.
- Objetivo: mejorar tus percepciones; entrenarte en la autocuración.
- Condiciones de realización: solo.
- Tiempo necesario: de 10 a 20 minutos.
- Materiales: ninguno.

Introducción

Esta meditación permite mejorar la percepción que tenemos de nuestro interior y del espacio alrededor de este.

ETAPAS DEL PROTOCOLO

1. Encuentra una posición sentada, confortable.
2. Visualiza un sol encima de tu cabeza.
3. Deja que el sol descienda progresivamente desde la coronilla de tu cráneo hasta la planta de tus pies.
4. Con cada inspiración, deja que el sol penetre hasta el interior de tus células y las purifique.
5. Con cada exhalación, los rayos salen y eliminan lo negativo.

Comentarios

Cuanto más practiques este protocolo, más sencilla y eficaz será la visualización. Para realizar el protocolo, elige preferentemente el final del día. Esto te permitirá restablecer una buena relación con tu cuerpo y limpiar los eventuales elementos conflictivos de tu jornada antes del sueño.

Protocolo Mudito n.º 3
El mago y la lupa

- Nivel de dificultad: hamaca.
- Indicaciones: toda clase de malestares, emociones y problemas.
- Contraindicaciones: rigidez psíquica.
- Objetivo: ¡utilizar tus aparentes problemas como recursos!
- Condiciones de realización: solo o con otra persona.
- Tiempo necesario: de 15 a 30 minutos.
- Materiales: ninguno.

Introducción

En este protocolo vamos a trabajar en el «efecto lupa», es decir: «Lo que observo se amplifica». Si paso demasiado tiempo sintiéndome aplastado por mi resentido, empiezo entonces a dramatizarlo y a sentirme agobiado. Gracias a este protocolo, aprenderás a modificar tu resentido a voluntad.

ETAPAS DEL PROTOCOLO

1. A fin de aislar mi resentido, me hago esta pregunta:
«¿Qué siento en mí ante tal o cual dificultad?».

2. Si esa dificultad fuese un color, sería… Describo el color con todo detalle.

3. Si ese color fuese un animal, sería… Describo ese animal con todo detalle.

4. Si ese animal fuese un objeto, sería… Describo ese objeto.

5. Si ese objeto fuese una fruta, sería… Describo la fruta.

6. Si esa fruta fuese una parte del cuerpo, sería… Describo esta parte del cuerpo.

7. Si esta parte del cuerpo fuese un personaje de dibujos animados, un héroe o un actor, sería… Describo este personaje.

8. Si ese personaje fuese un gesto, sería… Describo ese gesto.

9. Si este gesto fuese un recurso, sería… Describo este recurso.

Después de cada nueva descripción, dejo que se realice mi proceso interno de transformación. Me permito resentir lo que emerge con cada pregunta. Si tras el noveno punto esto te resulta insuficiente, vuelve al primero. Tal vez obtengas un nuevo resentido: «Enfrentado a esta dificultad, ¿qué experimento en mí?». Repite entonces los puntos del 2 al 9.

Termina con esta pregunta: «¿Cómo me gustaría valorar mi resentido tal como es ahora?». Y lo hago, real o simbólicamente (de pensamiento).

Protocolo Mudito n.º 4
Resolución creativa

- Nivel de dificultad: hamaca.
- Índole: verbal, creación.
- Indicaciones: desbloqueo de una situación-problema.
- Objetivo: abrirse a nuevas soluciones ante un problema aparentemente insoluble. Para una «higiene» conflictual.
- Condiciones de realización: solo.
- Tiempo necesario: entre 20 minutos y una hora.
- Materiales: una hoja grande de dibujo. Rotuladores, lápices..., según tus preferencias.

Introducción

Este protocolo te conducirá por nuevos caminos artísticos y creativos dándole libre curso a tu imaginación. Así accederás a nuevas etapas de búsqueda y resolverás numerosos conflictos potenciales.

ETAPAS DEL PROTOCOLO

1. Instálate cómodamente y dispón frente a ti grandes hojas de dibujo (formato A4 mínimo, aunque lo ideal sería más bien un formato A3, o incluso mayor si lo consideras necesario).

Escribe en el centro de la hoja lo que quieres resolver. Una dificultad a menudo se expresa en forma negativa. Por ejemplo: «No quiero tener más problemas de dinero»; o bien: «Estoy harta de conocer a hombres que no me convienen». Escribe más bien: «Cómo ganar dinero» o «Cómo encontrar a un hombre que me convenga».

2. Deja venir los elementos de resolución. Escríbelos alrededor de tu frase central. Utiliza palabras, por supuesto, pero no dudes en incluir también símbolos, formas, colores. Cada palabra o cada forma puede dar pie a nuevas búsquedas creativas.

Siéntete libre, sin límites ni censuras de ningún tipo. ¡Delira como un lunático!

Tu esquema estará terminado cuando todo te parezca claro y sencillo de llevar a cabo.

Contempla el aspecto estético y agradable de tu esquema.

Pasa a la acción

Comentarios

Este esquema se basa en la propia organización del cerebro. Representa la forma en que nuestro cerebro se conecta a fin de elaborar nuevas soluciones. Esta expansión nos permite buscar soluciones entre todas nuestras experiencias y recursos inconscientes.

Protocolo Mudito n.º 5
Un mensaje en la enfermedad

- Nivel de dificultad: silla.
- Indicaciones: desarrollo personal.
- Contraindicaciones: rigidez psíquica, buena salud.
- Objetivo: ¡transformar tus problemas en mensajes!
- Condiciones de realización: solo o entre dos.
- Tiempo necesario: 30 minutos.
- Materiales: enfermedades físicas.

ETAPAS DEL PROTOCOLO

1. Imagina que Dios, el Creador, el gran Arquitecto, la naturaleza, la vida o cualquier otra figura que tenga sentido para ti, desea hablarte.

Para comunicarse contigo dispone de un alfabeto. Ese alfabeto está formado por letras, y esas letras son todas y cada una de las células de tu cuerpo. Por ello, una enfermedad es una frase.

2. Haz el inventario de tus enfermedades presentes y/o pasadas. ¿Cuál sería el mensaje que te dirían personalmente?

3. Escríbelo en tu diario de a bordo.

Protocolo Mudito n.º 6
Objetivo: el amor

- Nivel de dificultad: hamaca.
- Indicaciones: toda clase de callejones sin salida.
- Contraindicaciones: rigidez psíquica.
- Objetivo: incluir el amor en nuestra vida futura.
- Condiciones de realización: preferiblemente, con otra persona.
- Tiempo necesario: de 15 a 30 minutos.
- Materiales: hojas, objetos.

Introducción

Cuando la enfermedad se presenta, nuestro objetivo es recuperar la salud.

Cuando gozamos de buena salud, ¿cuál es nuestro objetivo? ¿Hay alguna clase de salud aún más completa? ¿O una utilización de esa salud que nos supere?

ETAPAS DEL PROTOCOLO

1. Definir un objetivo.
2. ¿Por qué es importante alcanzar ese objetivo?
3. Dicho objetivo ¿me acerca o me aleja del amor?
4. Si me aleja, ¿qué me podría aportar el hecho de incluir el amor en mi objetivo?
5. Si me acerca, ¿cómo hacer para acercarme aún más al amor?
6. Define tres espacios a tu alrededor:

— un espacio-problema
— un espacio-objetivo
— un espacio-amor

7. Elegir un símbolo para colocar en cada espacio. Ejemplo: «Pongo un candado en el espacio-problema, una llave en el espacio-objetivo, un corazón en el espacio-amor».

8. Colócate en el espacio-problema y mira hacia el espacio-objetivo definido en el primer punto. Luego mira hacia el espacio-amor. Siente las diferencias.

9. Sitúa el espacio-objetivo entre el espacio-problema y el espacio-amor.

10. Vuelve a colocarte en el espacio-problema y mira tu objetivo y más allá: el espacio-amor.

11. Anota tu experiencia interior.

Protocolo Mudito n.º 7
La casa de las mil plantas

- Nivel de dificultad: hamaca.
- Indicaciones: desarrollo interior de tu conciencia.
- Contraindicaciones: rigidez psíquica.
- Objetivo: crecimiento.
- Condiciones de realización: solo o con otra persona.
- Tiempo necesario: de 15 a 30 minutos.
- Materiales: ninguno.

ETAPAS DEL PROTOCOLO

1. Visualiza una casa con muchas plantas, construida en la cima de una hermosa montaña. Es de madrugada; apenas ha amanecido.

2. Entras por la planta baja y, ¡sorpresa!, estás en tu casa.

3. Vas de una habitación a otra y reconoces tu ambiente familiar: tu decoración, tus muebles, tus objetos favoritos…

4. Ahora piensa en una persona muy relevante para ti; poco importa si la conoces o no. Una vez que has decidido libremente la identidad de tu referente, de tu guía, de tu mentor, sube las escaleras que conducen desde tu casa a la primera planta. ¡Pues tu guía vive exactamente encima de ti!

5. Entras en el apartamento de esta persona y observas sus muebles, el ambiente del lugar que habita. Esa persona está ahí para recibirte, hablarte y escucharte. Permaneces algún tiempo en su casa y ella te confía que también tiene un maestro: vive en el piso superior. Tienes permiso, siempre que lo desees, para subir las escaleras hasta su morada.

6. En lo alto de las escaleras descubres el interior donde vive esa persona, que te recibe en su casa. Estás extrañado y feliz. Decides vivir plenamente esta experiencia.

7. En un momento dado, el maestro te informa de que él también tuvo un maestro. Reside en la planta superior, justo encima de donde estáis ahora.

8. Subes hasta allí. Conoces a alguien, vives esa experiencia.

9. Y sigues subiendo tantas plantas como desees… Hasta la última.

10. Tal vez ya no estés en esa casa, sino en la montaña o en algún otro lugar. Sea como fuere, ya estás preparado para el Encuentro.

11. Vive con plenitud lo que la vida te depara. Una parte de tu inconsciente ha aprendido el camino. No solo podrás volver a tu casa, sino que además podrás retornar aquí cada vez que sea conveniente y bueno para ti.

Protocolo Mudito n.º 8
Viajar por nuestro cuerpo como por una casa

- Nivel de dificultad: diván.
- Indicaciones: malestares, problemas, bloqueos, curiosidad...
- Contraindicaciones: rigidez psíquica.
- Objetivo: desarrollar tu potencial de recursos inconscientes.
- Condiciones de realización: solo o con otra persona.
- Tiempo necesario: de 15 a 30 minutos.
- Materiales: ninguno.

Etapas del protocolo

1. Elige una experiencia agradable que hayas vivido recientemente.

Repasa todos los detalles de lo que viste y y oíste; los olores y los sabores pueden volver a tu memoria. Todo ello te permite reencontrarte con las mismas emociones. Respira de la misma forma que lo hiciste durante aquella experiencia que estás reviviendo.

2. De algún modo, podemos comparar nuestro cuerpo con una casa, un castillo, un edificio, una casa solariega. La mayor parte del tiempo sentimos poca curiosidad y siempre hacemos nuestra vida en las mismas habitaciones. Sin embargo, existen otras muchas estancias que podemos descubrir, cuartos secretos, magníficos salones.

Decides pasearte y descubrir nuevas salas inexploradas que contienen recursos inutilizados.

Dependiendo de tu objetivo, de tus fantasías, de la necesidad del momento, eliges un determinado tipo de estancias: hoy, por ejemplo, vas en busca de un aposento donde se esconde un tesoro de paciencia, o un mensaje positivo que viene de tus antepasados, o la solución precisa a la inquietud que te asalta en estos instantes, etc.

Algún día podrás explorar la habitación más elevada de esta casa, la más cercana al cielo, cuando estés listo/a para el encuentro.

Durante todo este viaje, tu cuerpo, tu inconsciente, conoce el camino exacto para llevarte al lugar adecuado. Ves pasillos, escaleras o ascensores. En tu camino encuentras muchas puertas, pero tú sabes exactamente cuál es la buena, y dominas el mecanismo para abrirla.

Y cuando la puerta se abre, ves..., oyes..., te das cuenta de..., sientes...

3. Anota en tu diario de a bordo todas tus experiencias.

EPÍLOGO

—¿En qué piensas, Blancanieves, después de tu viaje interior?

—Pienso en mi marido y en mi intenso deseo de hacerlo feliz, en su dicha tal como él la concibe. También pienso en cada uno de mis amigos y amigas: Lorenzo, Aurelia, María José, Alejandro, Sara, Damián, Aline, Clara, Maite, y en sus amigos, de los que a veces me hablan, que sufren y se lamentan, o, peor aún, que sufren sin saber que existe una solución bajo la forma de unos protocolos elaborados con bondad.

—Vamos a empezar por tu marido. ¿Aceptaría venir?

—¿De verdad? ¿Puede hacerlo?

—En cuanto me llame por teléfono.

—¿Y por qué no fijo yo su cita ahora mismo?

—De ninguna manera; le privarías de una primera experiencia emocional. Sería una lástima para él.

Unos días más tarde, un hombre encantador, el señor Luis Príncipe, el marido de Blancanieves Príncipe, está sentado frente a uno de los gigantes de la terapia para vivir dos nuevos protocolos...

Notas personales:

Sexta parte

EL PRÍNCIPE AZUL

PRÓLOGO

—¿A qué debo el placer de su visita, señor…?

—Príncipe, Luis Príncipe. En realidad, pienso que soy demasiado sensible.

—¿Lo piensas o lo sientes?

—Lo creo.

—¿Constantemente?

—En especial con mi mujer. A veces no me siento en absoluto como un hombre, nada viril y…

Después de escucharlo largamente, Feliz le hará experimentar dos nuevos protocolos que acaban de completarse y que le permitirán a Luis centrarse de nuevo en él.

Protocolo Príncipe Azul n.º 1
Los dos hemi-cerebros

- Nivel de dificultad: taburete.
- Índole: visualización, utilización del espacio y de los objetos metafóricos.
- Indicaciones: problema no solucionado mediante la estrategia habitual.
- Contraindicaciones: ninguna.
- Objetivo: descubrir dos puntos de vista diferentes optimizando las capacidades de tu cerebro.
- Condiciones de realización: con un terapeuta.
- Tiempo necesario: entre 30 y 40 minutos.
- Materiales: múltiples objetos variados y diversos.

Introducción

Como es bien sabido, el cerebro está dividido en dos partes y cada una tiene unas funciones claramente definidas.

Hemisferio izquierdo	Hemisferio derecho
Analítica	Sintética
Desglose fino	Visión global
Racional	Irracional
Lógica	Intuitiva
Lógica deductiva	Lógica inductiva
Conceptualización	Imaginación

Hemisferio izquierdo	Hemisferio derecho
Descripción	Creatividad
Razonamiento	Emociones
Percepciones sensoriales	Lenguaje paraverbal y no verbal
Lenguaje verbal	Poesía
Matemáticas	Símbolos
Lo concreto	Sueños
El adulto	El niño
El consciente	El inconsciente

Desde un punto de vista científico, es un poco simplista describir el cerebro como un todo formado por dos espacios separados: el hemisferio derecho, intuitivo, y el hemisferio izquierdo, analítico. Podemos considerar esta afirmación como una metáfora, sabiendo que los progresos de la ciencia nos demuestran, cada día un poco más, la gran complejidad del cerebro.

Etapas del protocolo

1. Define dos grandes espacios de resolución de problemas: un espacio concreto, analítico, y un espacio intuitivo, simbólico. Represéntalos en el suelo, delante de ti.

2. Elige un objeto para cada espacio y colócalos en cada una de las dos zonas en cuestión. El objeto destinado al espacio analítico debes seleccionarlo de forma reflexiva y justificada, mientras que el destinado al espacio intuitivo debes escogerlo al azar y no debe ser comentado.

3. Colócate al margen de los dos espacios, en posición neutral. Define un problema / un límite en el que desees trabajar.

4. Sitúate en el espacio racional. Toma el objeto y expresa tu problema o límite de forma racional y reflexiva. Recoloca el objeto en su sitio y vuelve al punto neutral.

5. Ahora instálate en el espacio creativo. Toma el objeto en tus manos y expresa tu problema o límite de forma metafórica. «Es como si...»; luego posa el objeto en su lugar y vuelve al punto neutral.

6. Elige un objeto que pueda representar tu problema y colócalo en un espacio específico.

7. Obsérvalo desde la posición analítica y reflexiona sobre este problema.

8. Obsérvalo desde la posición intuitiva; deja venir impresiones, pensamientos; deja actuar tu creatividad.

9. Pon un pie en cada espacio; permítete jugar con los dos objetos. Siente su interconexión. Esto debería llevarte a una nueva comprensión-intuición, a una *sentiligencia*, a un acercamiento nuevo a la experiencia-problema.

10. ¿Qué sucede en ti ahora, cuando estás en el punto neutral?

Protocolo Príncipe Azul n.º 2
Exploración del lado masculino y del lado femenino

- Nivel de dificultad: silla de clavos.
- Índole: escultura virtual.
- Indicaciones: para toda persona que desee explorar su lado masculino y su lado femenino. Para toda mujer que sienta su polo femenino como difuminado; para todo hombre que sienta su polo masculino como difuminado.
- Contraindicaciones: ninguna.
- Objetivo: armonizar las polaridades femenina y masculina.
- Condiciones de realización: con un terapeuta.
- Tiempo necesario: 40 minutos.
- Materiales: ninguno.

Introducción

Equilibrando nuestras polaridades mejoramos el vínculo entre nuestros dos hemisferios cerebrales. Según haya transcurrido nuestra historia, nuestra identidad sexual puede ser difícil de aceptar.

Ejemplos:

«Soy un hombre. Mi padre era agresivo; tal vez sea peligroso para mí ser un hombre del todo e, inconscientemente, prefiero sobredimensionar mi lado femenino».

«Soy una mujer y mi madre nunca me tuvo en cuenta; voy a acercarme a mi padre y volverme más masculina».

«Soy la hermana mayor y mis padres hubiesen preferido tener un varón, así que intento complacerlos reforzando mi lado masculino».

ETAPAS DEL PROTOCOLO

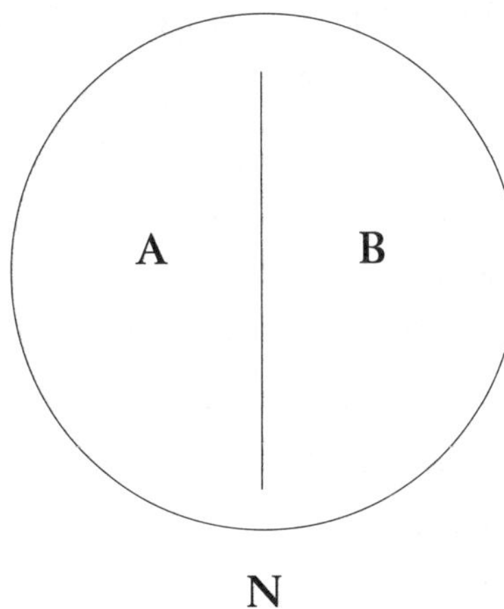

1. Elige un contexto donde tu polaridad se ponga de manifiesto: en familia, en tu pareja, con tus padres, en el trabajo, etc.

2. Imagina que tienes delante de ti un círculo dividido en dos, como un cerebro. Decide qué mitad encarna lo masculino y qué mitad lo femenino. Tú estás fuera del círculo, en el punto N, neutral.

3. Empieza por el lado llamado A (masculino o femenino). Asóciate con este lado. Estando en él, imagina una escultura virtual que te gustaría hacer con tus manos. Una vez completada, sitúate fuera del círculo.

4. A continuación vas al lado opuesto, llamado B (femenino o masculino). Asóciate con este nuevo lado. Estás dentro. Aquí también debes hacer una escultura virtual y darte tiempo para perfeccionarla hasta sentirte plenamente satisfecho.

5. Vuelve al punto A. Modifica tu escultura si lo deseas; luego pasa directamente al punto B y modifica también la escultura.

6. Sitúate en el punto neutral y observa las esculturas. Hazte la siguiente pregunta: «¿Qué me gustaría hacer para equilibrar mejor mis esculturas?». Hazlo virtualmente.

7. Ahora elige una tercera posición que, según tú y en términos de resentido, represente el equilibrio. El equilibrio justo entre derecha e izquierda, entre femenino y masculino. Esta posición puede estar dentro o fuera del esquema.

8. Observa ahora tus nuevas percepciones.

Variantes

Si no logras visualizar una escultura, ve solamente al resentido del cuerpo y permítete expresarlo con palabras, gestos, con una postura.

Epílogo

—Dime, cariño, ¿cómo fue hoy la sesión con el terapeuta? ¿Te apetece hablar de ello?

—Sí, Blancanieves. Quería decirte que a veces me sentía muy alejado de ti cuando estabas haciendo tu propio trabajo sobre ti misma.

—¿¡Ah, sí!? Nunca me dijiste nada.

—Me sentía mal, eso es todo, sin entenderlo ni tener la posibilidad de analizarlo, de comprenderme. Ahora que hago un trabajo sobre mí, por fin entiendo la importancia de que evolucionemos juntos; de lo contrario, creo que íbamos hacia el precipicio.

—¿Tan mal estábamos?

—Sí; tú crecías en conciencia, hacías que las cosas se movieran en tu interior, y yo no. Nos conocimos con unos determinados funcionamientos. Al cambiar tú, toda nuestra relación cambiaba. Así que ahora me siento de nuevo a tu lado. Y tengo ganas de besarte.

—Yo también...

Epílogo

UNA TERAPEUTA BLANCA COMO LA NIEVE

Prólogo del epílogo

—¡Está decidido, seré psicobioterapeuta! Lo seré de una u otra forma.

—¿Qué quieres decir con *de una u otra forma*, cariño?

—Me refiero a que quizá sea «una terapeuta con una consulta y unos pacientes que me paguen con dinero contante y sonante», o bien «una consejera en mi círculo de amigos».

—¿Tú crees que es posible tratar a tus amigos? Algunos terapeutas lo desaconsejan, incluso lo prohíben.

—Según tú, ¿qué es la terapia? Como mínimo, se trata de una información, de un consejo, de una escucha, nada más. ¿Y qué es la amistad? Escuchar al otro, dar unos consejos. Además, puedo proponerle a un amigo que haga tal protocolo por su cuenta; yo solo le explicaría los pasos a seguir y él realizaría la experiencia por sí mismo. No tendría por qué confiarme sus problemas; de hecho, mejor si no lo hace. Y, por supuesto, ¡también podría aconsejarles a mis amigos que vayan a ver a alguno de los siete gigantes!

—Ahora lo entiendo y lo apruebo; no porque esté de acuerdo o deje de estarlo, sino porque te amo y confío en ti. Hagas lo que hagas, te animaré siempre a estar cerca de ti, a ser fiel a ti misma. Me casé contigo por lo que eres, no soñando con ninguna idea fantasiosa sobre la esposa ideal.

—Me vas a hacer llorar... de felicidad.

Entre la primera sesión en la consulta de Prof y hoy han pasado muchos años, años ricos en emociones y descubrimientos. Blancanieves vuelve a visitarlo. Tiene 36 años y se siente bien. ¿Por qué acude a ver a Prof? ¿Con qué intención? Blancanieves llegó hasta el final de su trabajo sobre sí misma, es decir, alcanzó sus objetivos: se curó de su vitíligo y de su sensación de ser perseguida; ahora goza de una buena autoestima y es capaz de comunicarse con los demás sin dejar de ser ella misma. Si acude a visitar a Prof, después de transcurridos tantos años, es para confiarle su proyecto: *ser terapeuta*.

Prof la escucha largamente y luego deja escapar su alegría:

—¡Magnífica idea! Vas a tener que repasar todos los protocolos, uno por uno, y sobre todo saber explicarle a la otra persona lo que es la enfermedad. ¿Qué puedes decirme al respecto?

Blancanieves se sonroja, a pesar de su tez bronceada. Esperaba esta pregunta y saca tres libretas.

En la primera figura la respuesta a la pregunta de Prof. El título de la libreta es: «La caída en la enfermedad se parece a un viaje».

En la segunda libreta están todos los protocolos que ha vivido y que luego transcribió fielmente, clasificados en siete capítulos, como los siete Gigantes.

En la última libreta, que es su diario de a bordo, están recogidas sus experiencias personales, sus impresiones y sus reflexiones. Y también los casos de personas de su entorno relacionadas con cada ejercicio, casos que ella ha observado de cerca. Y sobre todo... un protocolo que ha inventado y que lleva por nombre: **«Recuperar tu centro»;** Blancanieves desea que Prof lo corrija. Es importante para ella; es como una *supervisión* que le permitirá saber en qué punto está, si va bien encaminada y si comprende cabalmente lo que es la terapia

1.ª libreta: «La caída en la enfermedad se parece a un viaje»

La caída en la enfermedad se parece a un viaje:

— un viaje…
— de un *evento*
— que se constituye en *creencia*
— y luego se manifiesta mediante una *emoción*
— que, en el cuerpo, se transforma, se petrifica, se memoriza en un *síntoma*, una *queja*.

En la vida, el tiempo avanza en este sentido:

Evento ▶ sentido, creencia ▶ lo experimentado ▶ expresión (palabras, actos) o ▶ impresión (enfermedad, malestar).

Ejemplo:

Evento: «*Veo que alguien atropella a mi perro*».
▶ Sentido, creencia: «*Me quieren hacer daño*».
▶ Lo experimentado: *miedo, aprensión*.
▶ Expresión: «*¡Tengo miedo! ¡Que alguien me tranquilice, que alguien haga algo por mí, por favor!*». O
▶ Impresión: «*Mi visión empieza a fallar; padezco miopía*».

En la terapia, el terapeuta va en sentido inverso; se remonta en el tiempo: el paciente le cuenta un malestar y el terapeuta busca el resentido enquistado en este; el resentido surgió de una creencia que apareció durante un evento mal asimilado, ya que estaba ligado a otro evento mucho más antiguo.

Queja, síntoma ▶ resentido ▶ creencia ▶ envento desencadenante ▶ otro evento más antiguo, programante.

El ejemplo del señor X:

Queja: «Tengo problemas en la vesícula biliar».

Resentido propio de la vesícula biliar (entre los diestros): «Estoy rabioso, furioso con todo el mundo».

Creencia del señor X: «El mundo entero es injusto, mentiroso, perverso».

Evento desencadenante: «Mis proveedores nunca me entregan la mercancía en la fecha prevista, y mis clientes se quejan a pesar de que yo hago mi trabajo lo mejor posible. Encima, mis colegas se burlan de mí; ¡dicen que soy demasiado escrupuloso!».

Evento programante: «Mi profesor recompensaba a los alumnos que copiaban y me castigaba a mí, que hacía mi trabajo yo solo, honradamente».

La vida es biológica por esencia, psicológica por efecto.

El origen de los problemas está en la generalización del comportamiento emocional en nosotros.

Prof sonríe mostrando todos sus dientes:

—Lo que me gusta, Blancanieves, es leer un estilo propio: te has encontrado. No repites lo que has oído sin más. Te lo has apropiado. Tu estilo es conciso pero exacto. Veamos ahora ese protocolo tuyo...

2.ª libreta: Protocolos de retorno a la salud

Querido lector, ¡es el libro que tienes entre tus manos y ante tus ojos!

3.ª libreta: Diario de a bordo de Blancanieves, señora de Luis Príncipe (extracto)

Protocolo Blancanieves n.º 1
Recuperar tu centro

- Nivel de dificultad: taburete.
- Indicación preferencial: para todas las mujeres que han dado a luz, que han tenido uno o varios hijos con los que han mantenido una relación de tipo fusional, olvidando sus necesidades vitales. Este protocolo será eficaz ya se trate de un parto, de un aborto, de un embarazo o de una maternidad simbólica, como ocuparse de niños o de adultos en dificultades; en todos los casos, un tipo de experiencia en que la mujer —o el hombre, por qué no— está descentrada, es decir, que no sabe ocuparse de sí misma, sino que lo hace ocupándose de los otros.
- Contraindicaciones: ninguna.
- Condiciones de realización: siempre entre dos personas.
- Tiempo necesario: de 20 a 30 minutos.
- Materiales: ninguno.

Introducción

Hay un problema que puede bloquear o frenar la Psico-bio-terapia: estar descentrado/a. ¡Y uno de los mayores recursos posibles es volver a situar tu centro en ti mismo!

Quiero preguntarte una cosa: ¿dónde se encuentra, exactamente, tu centro?... Todos tenemos un eje de sustentación y un centro de gravedad que a menudo asimilamos con el *hara* o *kikai tandem*, situado detrás del ombligo. ¿Qué sucede cuando una mujer está embarazada o cuando una hembra espera crías? ¿Qué ocurre con ese centro? Se convierte en otro, en otro distinto de sí mismo. En efecto, mi centro ya no soy yo. Es otro, un bebé. Y será así durante un largo periodo, unos nueve meses; nueve meses de impregnación, de intenso anclaje.

¿Y la madre? ¿Dónde está su centro? O bien se descentra para dejarle sitio al futuro hijo, o bien se olvida de sí misma y se convierte en el otro.

«Mi centro eres tú, mi bebé, mi tesoro, mi dios, la niña de mis ojos, mi amor, mi vida, mi corazón, mi alma».

Ahora planteo la siguiente pregunta: «¿Esto se interrumpe con el parto?». No siempre. ¿Por qué no? Porque la maternidad es una necesidad biológica fundamental. Para la prole, que es frágil, vulnerable, débil, una presa fácil, es indispensable que la madre —sea esta una mujer, una mamá cocodrilo o una mamá osa— se ocupe de sus retoños, que se descentre (que se consagre o se *desyoe*), que se sacrifique como la mamá pelícano de la leyenda, que entrega su sangre para alimentar a sus crías.

En el parto, la madre (si no ha sido capaz de dejar sitio al otro sin por ello dejar de ser ella misma) da a luz a su centro, que, de golpe, ya no está en su interior, sino en el exterior. Para la madre, a menudo es la única actitud posible, a fin de que su hijo reciba todos los cuidados y toda la seguridad que le permitan sobrevivir.

¿Pero qué sucede con la madre? La madre ya no tiene centro, ya no se ocupa de sí misma. Espera que los otros se hagan cargo de ella, igual que ella se hace cargo de su hijo. Esta situación dura varios meses, hasta el fin de la lactancia..., o varios años; luego la madre recupera su feminidad, su ciclo menstrual, su identidad, sus deseos. A veces esto dura mucho más tiempo, incluso toda una vida si no se tiene cuidado, en algunos casos patológicos. Y así, para la madre, que ya no es una mujer, ocuparse de sí misma equivale a ocuparse del otro, o incluso de los otros; aunque su bebé tenga veinte, cuarenta o cincuenta años. Y todo el mundo, todos los que entran en su órbita, se convierten en sus hijos y se hace cargo de ellos, un fardo que es pesado de llevar para... los que padecen a esta mujer, pues ya no es una mujer, sino solo un par de senos.

Y sus hijos, que ya han crecido, al ocuparse de sí mismos se ocupan de su madre, pues el centro de su madre está en ellos; entonces deben ocuparse particularmente bien de sí mismos para que su madre esté satisfecha. Esta responsabilidad es fuente de confusión, de estrés, de desdicha y de desprecio.

Como dicen ciertas madres:

—Hijo mío, abrígate bien, que tengo frío.

—Si te vas, hija mía, me moriré [1].

«Lo hago por tu bien. Solo pienso en tu felicidad». Una madre le dice a su hija: «Solo vivo pensando en tu felicidad, y cuando seas realmente dichosa, no me quedará sino morirme». La hija, por supuesto, es depresiva, desgraciada, para permitir que su madre siga viva y así no convertirse ella en una asesina. Cuando la madre dice: «Solo pienso en tu felicidad», ¿es realmente cierto? ¿Cómo verificarlo? ¿No sería más sano para el hijo tener una madre que sea mujer, que se ocupe de sí misma y que lo haga directamente, sin pasar por el otro, constituyéndose en un modelo de felicidad que el niño pueda seguir más adelante? Si cada uno es consciente de sí mismo, también podrá ser consciente del otro, de la diferencia en términos de deseo y de necesidad.

Este es el protocolo que te propongo para corregir este tipo de situación.

[1] La hija desarrolló una fibromialgia.

ETAPAS DEL PROTOCOLO

1. Identificar este tipo de confusión en tu vida «yo = el otro»). ¿Qué otro? ¿Qué vivencia con quién? Debemos encontrar la o las personas con las que estamos en situación de confusión. Casi siempre se trata de un hijo, de una hija, de una interrupción voluntaria de un embarazo, de un hijo adoptivo, de la propia madre o del equivalente a un embarazo. Para identificar a nuestros «inquilinos», podemos preguntarnos: «¿Quién es más o al menos tan importante como yo? ¿Por quién estoy dispuesto a morir, a sacrificarme, a sufrir, a olvidarme de mí mismo?».

2. Concienciarse del límite en el desarrollo humano, ecológico y afectivo que esto supone, tanto para uno mismo como para el otro.

3. Punto esencial

Visualizar tu propio *centro*, casi siempre a la altura del vientre, bajo la forma de un objeto o de una forma simbólica, geométrica.

Voy a comparar esto con el molde de una obra de arte, de una escultura. Es la obra, pero en vacío. La obra a veces ya no está allí. No queda más que la forma, el molde, el vacío, el hueco. Describe esta forma de la manera más precisa posible.

4. En el caso de que sean varias las personas con las que tenemos una relación fusional-confusional, elegir a la primera de esas personas. A veces se trata del primer embarazo. Para ello, visualiza el espacio que te rodea, que sientes simbólicamente ocupado por esa persona.

Por ejemplo: pienso en mi hija mayor; tengo la impresión de que está a tres metros de mí, a mi derecha, ligeramente suspendida en el aire.

Define bien este espacio.

5. Opcional: ¿En qué momento mi centro se expatrió de mí? Después del parto o en otro momento, como por ejemplo, con motivo de un accidente o de un drama que vivió esa persona.

6. Otros puntos fundamentales

a) Viajo por el cuerpo de esa persona —en este caso, por el cuerpo de mi hija, que está a tres metros de mí— en busca de mi centro o de un *trozo* de mi centro, como si tuviese un aparato de rayos X para ver a través de la carne.

b) Recupero mi trozo (con, por ejemplo, un imán especial que atrae irresistiblemente todos los trozos de mí mismo). Todo esto va desde el exterior de mí —por tanto, desde el interior del otro— hacia mi interior. Vuelvo a poner ese yo en mí, lo visualizo. Y con cada inspiración recoloco, posiciono, reinstalo ese centro en mí.

c) ¿Qué sucede en términos de sensaciones, de beneficio, de experiencia?

d) ¿Cómo reacciona el otro? *¿Cuáles son sus beneficios y ventajas?*

e) Visualizo los vínculos residuales que aún pueden quedar entre nosotros, por ejemplo, mediante un cordón. Tras haber hecho dos ligaduras, corto este cordón en varios pedazos y los tiro sin preocuparme por ellos.

f) Si es necesario, puedo revivir el parto dando a luz al otro, pero dejando mi centro en mí. ¿Qué nueva relación con el otro se establece ahora?

g) *Y sobre todo, ¿cuáles serán los beneficios para el otro en este nuevo tipo de relación?*

7. En el marco de varias relaciones confusionales, hacer lo señalado en el punto 6 con cada depositario de una parte de mi centro hasta reconstruir íntegramente el rompecabezas de mi yo.

8. Practicar el protocolo completo cada vez: beneficio para el otro, beneficio para mí y nuevo tipo de relación.

• • •

—Bravo, Blancanieves; no tengo nada que añadir ni que suprimir. Creo que incluso voy a enseñar tu protocolo; si me das permiso, claro.

—Por supuesto, ¡cómo no! Este protocolo no me pertenece; él me encontró a mí y no al contrario.

—Estoy totalmente de acuerdo, pero muchos tubos se creen que son el agua que circula por ellos, igual que muchos vitrales creen ser la luz que dejan pasar…

—Sí, Prof, estaré encantada de que lo utilice. También tengo otra idea: compilar los protocolos para potenciar su impacto. ¿Qué opina?

—Bien pensado. Una vez que dominamos los protocolos, podemos mezclarlos para crear otros nuevos. Esto permitirá abordar un mayor número de situaciones-problema. Explícame tu idea.

—Para mí, cada protocolo es como una frase musical. Combinarlos sería como una sinfonía.

Protocolo de los siete Gigantes n.º 1
Protocolo Mozart

1. Socorro de urgencia.
2. Desbloqueo del bio-shock en sí mismo / Percepción del presente (estado separador).
3. Desbloqueo del conflicto presente antes del shock traumático (ejemplo: ruptura con una pareja...). Esta etapa permite darle un sentido al accidente y descodificarlo.
4. Técnica corporal cuyo objetivo es reintegrar el miembro herido en el esquema corporal completo (relajación, visualización, masaje...).
5. Si es necesario, hacer el protocolo de las cicatrices.

—¿Qué opina, Prof?

—Está muy bien. Debes saber algo: **si a pesar de todo esto el paciente sigue quejándose (por ejemplo, de dolor en la pierna), hay que sopesar estas dos posibilidades:**

»1. Un conflicto traumático físico del que la persona nunca ha hablado y que se produjo en el pasado.

»2. El terapeuta ha ido demasiado rápido en el procedimiento mismo y algunos detalles muy precisos no han salido a la luz: «Cuando me metieron en la ambulancia, el olor de un producto farmacéutico me repelió».

»Verás, Blancanieves, cientos de horas de terapia me han permitido comprobar que este procedimiento resulta muy eficaz siempre que el conflicto traumático esté bien identificado. Por ejemplo: «Desde mi accidente con la bicicleta, tengo náuseas al cruzar una calle. Mi vida se divide en dos: antes y después del accidente; nunca más volverá a ser como antes».

EPÍLOGO DEL EPÍLOGO

—¿Qué consejo me daría para llegar a ser terapeuta algún día?

—Ser terapeuta es estar disponible, blanco y puro como la nieve, inocente, sin ningún «a priori». Saber que todo es posible. Convertirte en una pantalla en blanco en la que el otro escribe y reescribe su vida, la transforma. Si el médico con su bondad es la primera medicina, el terapeuta es la primera terapia por la profundidad de su escucha.

—Gracias.

—Gracias a ti.

El señor Luis Príncipe siguió con mucho interés todos estos pasos e incluso cambió su orientación profesional: se hizo terapeuta. A veces se olvida de una etapa de uno de los protocolos y se culpabiliza por ello. Entonces Blancanieves le cuenta esta historia…

NUEVO EPÍLOGO

A propósito de los protocolos: conclusión

Érase una vez un devoto rabino…

Era un hombre de luz, un benefactor, un ser bondadoso al que numerosos visitantes acudían a ver cada vez que atravesaban un momento difícil en sus vidas. Nadie entendía por qué, pero después de hablar con él aparecían soluciones donde menos lo esperaban.

Si no te importa, viajemos a esa época: nuestro santo rabino pasa sus días orando y recibiendo a decenas de mujeres y hombres que padecen toda clase de males. El rabino tiene un alumno y este joven ayuda a su maestro tanto de día como de noche. Cuando el sol se pone, el rabino se dirige a un lugar especial del bosque donde enciende una hoguera de una forma muy particular y recita una oración específica. Y entonces se dirige al Creador. Muy tarde, hacia la medianoche, vuelve a su alojamiento. Por la mañana, ¡milagro! Todas las soluciones a los problemas, a las enfermedades y a las quejas aparecen en las vidas de todos y cada uno de ellos.

Pero un día el bienaventurado muere. Y el discípulo le sucede. Es una época llena de turbulencias, el país se ve sacudido por una gran desgracia. Las gentes se dirigen al discípulo, que les dice que vuelvan a sus casas y tengan confianza. Y parte hacia el bosque. Conoce el lugar preciso, el claro del bosque; sabe cómo hacer la hoguera, pero ha olvidado gran parte de la oración, pues era muy muy larga y muy complicada. Se dirige al Creador y le dice: «De todas formas, Vos, ¡Vos la conocéis! Yo estoy aquí y Vos os ocupáis del resto». ¡Y funcionó!

El discípulo envejeció y, un día, falleció.

Él también tenía un discípulo y este continúa su tarea. Cuando hay problemas, la gente acude a verlo y él responde: «No os inquietéis, todo se arreglará». Igual que sus maestros precedentes, va al bosque, pues conoce bien el lugar, pero ya no sabe cómo hacer la hoguera ni tampoco domina la oración, puesto que jamás la aprendió. Se vuelve hacia el Creador y dice: «Vos conocéis la oración. En cuanto a la hoguera, Vos ya sabéis cómo es y para qué sirve. Así que haced como si la hubiese encendido, puesto que me encuentro en el lugar indicado». ¡Y funcionó! El país se salva y recupera la alegría y la salud.

Este hombre, después de muchos años, muere.

Había empezado a formar a un discípulo, que aún no conoce el lugar del bosque, por no hablar de la hoguera o de la oración... Cada vez que atraviesan dificultades, la gente de la aldea acude al discípulo.

Y cuando cae la noche, él se acuesta, como todos los demás. Antes de dormirse, invoca al Creador y le dice: «Sé que había un lugar en el bosque, un claro, pero no sabría muy bien dar con él; sé que en un momento dado había que encender una hoguera y creo que había que rezar una oración, pero no estoy realmente seguro, de modo que Tú, que eres el Amo del Cielo y de la Tierra y que conoces todas las cosas, arréglatelas Tú Contigo mismo. Yo estoy cansado y tengo ganas de dormir, y además tengo plena confianza en Ti». Y de inmediato se durmió… ¿Qué sucedió a continuación? La cosa funcionó y todo volvió a su cauce.

En conclusión, lo realmente fundamental es la confianza y el espíritu…

Conclusión

Gracias a Blancanieves y a sus siete guías; gracias a su Príncipe; gracias a tu Inconsciente, que seguirá ocupándose de ti a la perfección para tu mayor felicidad; gracias al Futuro, que nos tiene preparadas tantas experiencias nuevas, inéditas, insospechadas. Que este libro sea una rampa de lanzamiento que te conduzca más allá de sus páginas.

Hemos querido presentarte una forma *entretenida y seria, grave y ligera,* de relacionarte con tu inconsciente. Te animamos a utilizar este libro de protocolos con creatividad, creatividad ligada con su propósito central:

1. Hacer crecer la conciencia de uno mismo / del otro / del mundo.

2. Mejorar nuestra relación con nosotros mismos / con los otros / con el mundo.

3. Poner en movimiento nuestro potencial para vivir plenamente nosotros / los otros / el mundo.

Muchos protocolos, como los siguientes, te han permitido y te permitirán satisfacer el primer punto: crecer en conciencia.

— Viaje por un resentido
— Encontrar y detallar un resentido agradable
— Amplificación de tu conciencia sensorial
— Diario de a bordo, cuestionarios y notas personales

— Los dos planetas de nuestro inconsciente
— Un agradable paseo por tu historia
— Volverte consciente de tu cuerpo.

Otros protocolos han facilitado y facilitarán el segundo punto: tus relaciones. Por mencionar solo algunos:
— Cómo actuar ante un bio-shock
— Biorrelajación
— Respiración en los órganos
— Los regalos de mis ancestros
— Deshacer un conflicto de diagnóstico y de pronóstico
— Clarificar una relación difícil
— Romper lazos
— Permanecer tranquilo ante las emociones ajenas
— La pelota de papel
— La casa de las mil plantas
— Exploración del lado masculino y del lado femenino.

En cuanto al tercer punto, para energizarte estarás acompañado/a por protocolos como:
— Dinamizar un objetivo
— Crear un espacio revitalizador
— Cambiar de emoción mediante el movimiento
— Los cuatro sanadores
— Desbloquear un dolor físico
— Curación a través del dibujo
— Objetivo: el amor
— Recuperar tu centro.

Los tres polos: *uno mismo, el otro, el mundo,* están íntimamente ligados.

En efecto, cada polo hará evolucionar a los otros dos. No podemos ser cada vez más conscientes de nuestros funcionamientos profundos sin que esto, además, nos permita comprender más íntimamente al otro y al universo que nos rodea. Al conocer mejor este universo, del que somos originarios, aparecen y aparecerán nuevas informaciones sobre nosotros mismos, y serán cada vez más evidentes.

Los tres polos están igualmente ligados por su búsqueda permanente de equilibrio entre ellos. Y una buena relación es la mejor forma de mantener ese equilibrio... durante unos pocos instantes, pues múltiples juegos de fuerzas hacen que este equilibrio sea frágil, precario, transitorio. Fuerzas como: *resistencia al cambio, proyecto, impulso creador, deseo de vivir, instinto de supervivencia, lealtad a los antepasados*, son algunos ejemplos de las energías que nos habitan y nos empujan a actuar de una u otra forma: lo mismo a elegir un oficio que a desarrollar un síntoma, por ejemplo. Y saber encontrar esas energías, entender su sentido, canalizarlas hacia un objetivo que sea de gran interés para nosotros, no puede sino ayudarnos a vivir más intensamente nuestros sueños secretos.

No somos los únicos que sacaremos buen partido de nuestra creciente felicidad: todos los que nos rodean gozan y gozarán de múltiples ventajas al codearse con un ser humano realizado.

Este libro, como iniciador de experiencias, te propone todo esto.

Pues «vivir» es tener experiencias.

«Cambiar» solo se logra a través de nuevas experiencias.

Y «ser feliz» se basa siempre en nuevas experiencias de referencia, experiencias profundas y *particulares*.

Todo libro que no favorezca una experiencia nueva y personal es inútil; solo sirve para satisfacer nuestro juicio, nuestros lugares comunes, de sobra conocidos y demasiado acomodados. Un libro inútil nos anima a permanecer dentro de nuestros alienantes límites.

Este libro puede permitirte verdaderas experiencias, igual que un libro de cocina te ayuda a alimentarte... ¡siempre que lo pongas en práctica! Al tiempo que te alimentas, también tendrás la posibilidad de preparar con mimo deliciosos platos para tus allegados, tus amigos, tu familia, o para esas personas que tienen hambre y a las que deseas ayudar. Pero en ningún caso un libro de cocina, por sí solo, te permitirá abrir un restaurante y autoproclamarte «maestro cocinero». Lo mismo pasa con este libro: de ninguna manera puede otorgarte la capacidad de convertirte en psicobioterapeuta. Un largo trabajo sobre uno mismo, un acompañamiento personal y una formación rigurosa con unas reglas muy precisas son algunas de las experiencias de base para poder ejercer esta profesión.

Este libro puede despertar en ti el deseo de recorrer ese camino, pero no lo reemplazará.

Por supuesto, te animamos a utilizar con frecuencia estos protocolos como una higiene de vida, una exigencia de conciencia, una necesidad de vida relacional, un deseo de intensidad, hasta el día que, tú también, inventes tu primer protocolo. Ese día, por favor, envíanoslo a través del buzón de la editorial Le Souffle d'Or. Pues no solo la investigación en Descodificación Biológica evoluciona sin cesar, sino también sus aplicaciones prácticas. Todo ello gracias a los formadores, a los terapeutas, a los alumnos en prácticas y a los pacientes, que se han volcado desde sus inicios, allá por el año 1981. Y la Descodificación, tal vez gracias a ti, seguirá evolucionando como todo lo que está vivo. Por todas estas razones, mantengamos siempre la perspectiva sobre cualquier cuestión: este libro, nuestras creencias o las proposiciones de la Descodificación Biológica.

En el espacio que propicia ese distanciamiento es justamente donde van a nutrirse primero, y luego a brotar, los gérmenes de lo que nos curará mañana.

No cerremos este espacio de posibilidades y de creatividad al tiempo que cerramos este libro. Muy al contrario, que una vez cerrado el libro empiece el relato más hermoso: el Tuyo...

Lyon-Aix, 22 de agosto de 2005

Bibliografía

PARA QUE PROFUNDICES EN TU EXPLORACIÓN PRÁCTICA Y TEÓRICA

Sobre la Descodificación Biológica de las Enfermedades

Décodage biologique et destin familial, de Patrick Obissier, Le Souffle d'Or.

Mon corps pour me guérir, de Christian Flèche, Le Souffle d'Or.

Décodage biologique des maladies, de Christian Flèche, Le Souffle d'Or.

LeRoy se crée, de Christian Flèche, Le Souffle d'Or.

Psychobiologie de la guérison, de Ernest Rossi, Le Souffle d'Or.

Le sens caché des désordres amoureux, de Salomon Sellam, Bérangel.

Le syndrome du gisant, de Salomon Sellam, Bérangel.

Boulimie, anorexie, de Salomon Sellam, Bérangel.

La revue *Cause et Sens,* Bérangel.

Sobre el resentido

Les sept plumes de l'aigle, de Henri Gougaud, Le Seuil.

Que se passe-t-il en moi?, de Isabelle Filliozat, Marabout.

Sobre la relación terapéutica

Un thérapeute hors du commun, de H. Milton Erickson, DDB.

Relation d'aide et formation à l'entretien, de Jacques Salomé, Presses Universitaires de Lille.

Dialectique du Moi et de l'iconscient, de C. G. Jung, Folio.

Au cœur de l'esprit, de C. y S. Andreas, La Tempérance.

Le défi des relations, de Michèle Lavirey, Les Editions de l'Homme.

Sobre la relación padres-hijos

L'avenir du drame de l'enfant doué, de Alice Miller, PUF.

Parents toxiques, de Susan Forward, InterEdition.

Sobre lo transgeneracional

J'ai mal à mes ancêtres, de P. Van Eersel, G.L.M.

Des ancêtres encombrants?, de Hervé et Mireille Scala, Le Souffle d'Or.

Las obras de Salomon Sellam citadas anteriormente.

Sobre anatomía y fisiología

Anatomie et physiologie humaines, de Hélène Marieb, De Boeck Université.

Planches d'anatomie, physiologie, Alpha Pict Edition, Lyon.

LAS ESCUELAS

Christian Flèche en Aix-en-Provence (biodecodage.com), Philippe Lévy en Lyon (edb.com) y Salomon Sellam en Montpellier (idebio.com) forman regularmente a terapeutas en Psico-bio-terapia. Los cursos de formación que proponen son a la vez diferentes y complementarios. Los tres aúnan sus competencias a fin de transmitirles a sus alumnos saber, saber hacer y saber estar. El lector puede visitar sus respectivas páginas web y solicitar sus programas.

Los protocolos presentados en este libro se enseñan en las escuelas de Aix-en Provence y de Lyon. Cualquier otra información puede solicitarse al editor: Le Souffle d'Or, BP 3 – 05300 Barret-sur-Méouge – Tfno. 04 92 65 52 24 – dirección electrónica: contac@souffledor.fr

Del mismo autor

DESCODIFICACIÓN BIOLÓGICA